邊玩邊學
SCRATCH 3
遊戲程式設計
運算思維養成

no starch press

英國倫敦 New End 小學所有已經畢業與現在的學生們。

Scratch 創辦人，美國麻省理工學院的 Mitchel Resnick 教授在其個人首頁就開宗明義說道：" I'm the LEGO Papert Professor of Learning Research at the MIT Media Lab, where I lead the Lifelong Kindergarten research group."

Lifelong Kindergarten（終身幼兒園），這正是他對於幼兒程式教學的核心理念，如同孩子一般來學習吧，沒有預設立場，好玩最重要。1999 年，Mitchel 跟他的恩師 Seymour Papert 教授與樂高公司合作推出第一代教育性機器人 RCX，開 啟了兒童機器人課程的新世界（當年我剛上大學一年級），後續再推出的 Scratch 更是讓國小學童可以立刻體驗程式設計，光看國內每年 Scratch 貓咪盃的參賽盛況就知道有多熱門了。

回想一下，本人於 MIT 擔任訪問學者時，雖然單位是在 CSAIL（電腦科學與人工智慧實驗室），但僅一街之隔的 Media Lab 也很常常過去晃晃。位於 3/4 樓之間的 Lifelong Kindergarten 小組堆滿了許許多多的樂高積木，也常有小孩子進進出出，是一個很歡樂的地方。不過，我想大家都知道，一套系統如果要做到上層愈簡單愈不用除錯，底層要做的事情就愈多。再者，Scratch 3.0 自推出之後，純網頁就可執行加上豐富的擴充元件，功能愈來愈多，但依然相容之前的程式碼以及介面的易學易用。也不禁讓人佩服 M 教授在當年設計上的宏觀遠見。

本書以 Scratch 遊戲設計為主軸，畫面編排也很童趣，與常見的表列式教學書相當不同，有興趣的小朋友與初學者們應該會很喜歡。

想再進一步的讀者、家長與小朋友，請不要錯過 M 教授團隊推出的 Learning Creatvie Learning 六週線上課程，裡面有他對於電腦發展史、動手作與創意思考（Creative Thinking）的理念與教學分享，隨時可以開始喔！

Mitchel Resnick 教授的首頁 :https://web.media.mit.edu/~mres/
Learning Creatvie Learning 六週線上課程 :https://learn.media.mit.edu/lcl/
來看看我與 M 教授聊 Scratch 3.0:https://youtu.be/XblVdAt9DU4

曾吉弘

CAVEDU 教育團隊創辦人 /MIT CSAIL 訪問學者 / 新北市政府青年事務委員

目錄

致謝   VII
認識 SCRATCH 3   VIII

1: 遊戲！

小貓動起來   4
貓鼠賽跑   6
海中小魚兒   8
蝙蝠拍翅飛   10
Kiran 與魔幻水晶   12
第1章挑戰題   14

2: 畫出各種背景與角色

順流而下   18
怪物迷宮   20
企鵝雪橇大闖關   22
跳跳色塊   24
競速賽車   28
第2章挑戰題   32

3: 得了幾分？

企鵝滑雪學校   36
鯊魚與潛水員   40
接水果   44
磚塊疊疊樂   48
彩色牆   52
第3章挑戰題   56

4: 數學很重要

超級蛇   60
仙人掌跳跳   64
高塔建築師   68
機器人啟動   72
甜甜圈侵略者   76
第4章挑戰題   82

5: 自己設計程式積木

星星山洞   86
太空脆餅   90
足球對戰   94
競速火箭   100
接雪花   106
第5章挑戰題   112

致謝

最深的感謝獻給我的家人，有他們的支持真好
——Rachel、Linus、Elsa 與所有人。

感謝 MIT Scratch 團隊的所有人，這麼棒的網站誕生
於你們手中。

感謝所有人，尤其是 New End 小學的學生們所給我
的啟發。

感謝 No Starch Press 同仁給我的鼓勵、支持與耐心。

還有前同事們與朋友們，感謝你們支持我的各種想
法：Daniel、Anthony、Nigel、Lewis、Rob、Ben、
Rich、Samson、Karyn、Dan、Donna、Lorraine、
Jyoti、Charlie、Gillian、Maxime 與 Natalie。
感謝 Anne 的寶貴建議，以及用心聆聽的 Bob。

認識 SCRATCH 3

這本書會告訴你如何使用 Scratch 3 來自己設計遊戲。你會運用不同的程式積木來產生一段程式，還會學到如何加入物體（在 Scratch 中稱為角色），並透過程式來告訴角色們要做哪些事情。每一章的最後都有一些挑戰提，讓你的技術可以更上一層樓！

> 開始寫程式之前，先來認識本書之後要用到的 *Scratch* 網站吧。

SCRATCH 編輯器

Scratch 編輯器就是你產生 Scratch 專案的地方。以下介紹一些重要的地方：

選單 按一下 **檔案** 來儲存專案或載入別的專案。

程式區 把程式積木拖放到這裡，把它們組合起來就是一段程式了。

開始與停止 按一下綠色旗子來執行程式，或按一下停止圖示來停止程式。

舞台大小 這些按鈕可以讓舞台變小、正常大小或是全螢幕。

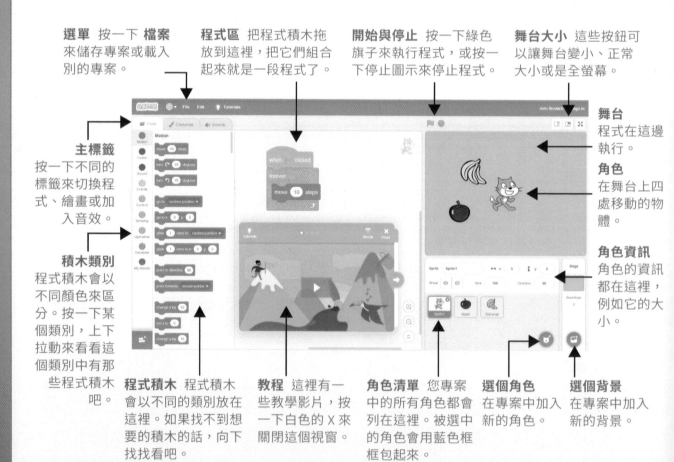

主標籤 按一下不同的標籤來切換程式、繪畫或加入音效。

積木類別 程式積木會以不同顏色來區分。按一下某個類別，上下拉動來看看這個類別中有那些程式積木吧。

程式積木 程式積木會以不同的類別放在這裡。如果找不到想要的積木的話，向下找找看吧。

教程 這裡有一些教學影片，按一下白色的 X 來關閉這個視窗。

角色清單 您專案中的所有角色都會列在這裡。被選中的角色會用藍色框框包起來。

選個角色 在專案中加入新的角色。

選個背景 在專案中加入新的背景。

舞台 程式在這邊執行。

角色 在舞台上四處移動的物體。

角色資訊 角色的資訊都在這裡，例如它的大小。

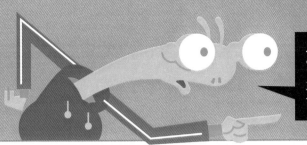

Scratch 有非常豐富的程式積木、角色與聲音，你可從中學到很多。

別緊張，你很快就會學會如何使用它們了！

主標籤

在設計遊戲時，這裡可以切換三個 Scratch 編輯器的三個主要的地方。
這些地方可以讓你寫程式、修改角色看起來的樣子，還能幫角色加入音效。

程式 標籤可以把程式積木拖放到程式區中。

按一下 **造型** 標籤來改變角色的外觀。

聲音 標籤可以讓你為的作品增添音效。

造型標籤

填滿 按這裡來決定您畫畫要用到的顏色。

復原 繪畫時如果不小心出錯的話，可以按這個圖示來回到上一個狀態。

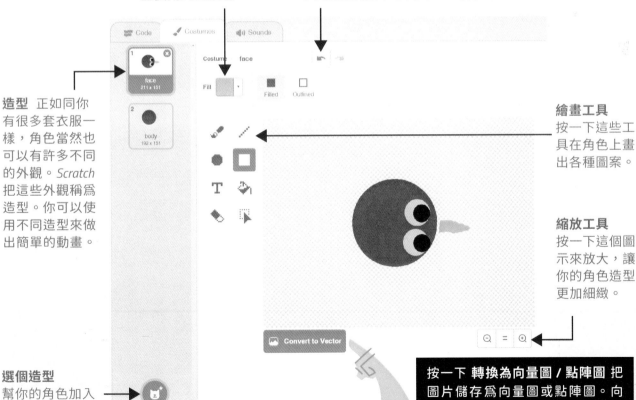

造型 正如同你有很多套衣服一樣，角色當然也可以有許多不同的外觀。*Scratch* 把這些外觀稱為造型。你可以使用不同造型來做出簡單的動畫。

繪畫工具 按一下這些工具在角色上畫出各種圖案。

縮放工具 按一下這個圖示來放大，讓你的角色造型更加細緻。

選個造型 幫你的角色加入新的造型。

按一下 **轉換為向量圖／點陣圖** 把圖片儲存為向量圖或點陣圖。向量圖看起來會比較清楚，但是點陣圖會比較容易畫。

當你在背景上畫畫時，**造型** 標籤會變成 **背景** 標籤。背景的繪畫工具的使用方式與造型的繪畫工具完全一樣。

繪畫工具（點陣圖）

 筆刷 移動滑鼠在角色上畫畫。

 文字 在角色上寫一些字。

 線條 按住滑鼠左鍵，拖動就可以畫出一條直線。

 填滿 用喜歡的顏色來填滿角色。

 圓形 拖動滑鼠來畫一個橢圓形（按住鍵盤的 Shift 鍵則會產生圓形）。

 擦子 擦除角色的某些地方（如果是畫錯的話，最好還是用復原功能喔！）

 方形 拖動滑鼠來畫一個長方形。

 選取 選擇角色某個地方來翻轉、複製或旋轉。

拉拉看這些滑桿，可以產生超過一百萬種顏色！想要找到正好是你要的顏色不太容易呢。

以下的數字可以產生常用的顏色，再拉動滑桿來找出你喜歡的顏色吧！

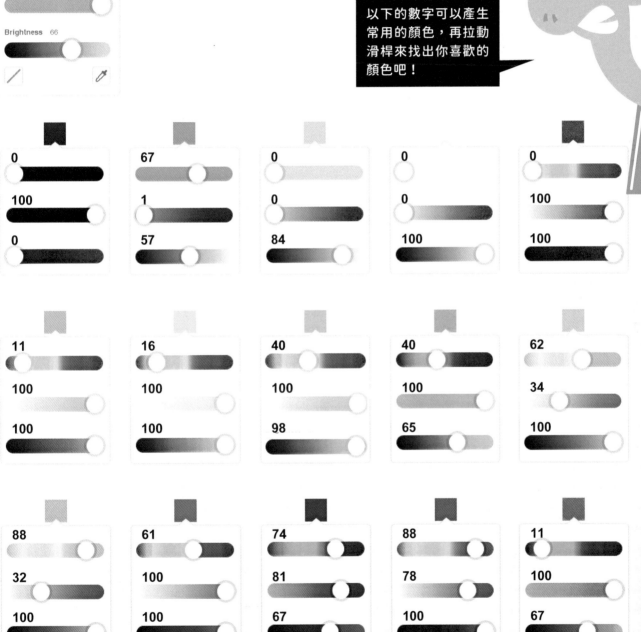

1

遊戲！

本章要告訴你如何用 Scratch 來設計簡單的遊戲。這邊是一些你會用到的程式積木。

輸入（INPUT）積木

輸入 是一種要求電腦去做事情的動作。運用輸入積木，每當玩家做某些事情（例如按下鍵盤按鍵或移動滑鼠）的時候，就能執行一段程式。

當 向右 ▼ 鍵被按下

> 這個輸入積木能在你按下某個鍵盤按鍵時，執行它下面的程式。

> 小心！
> 我在動。

動作（MOTION）積木

動作 積木能讓角色做出各種動作。

移動 10 點

重複無限次（FOREVER）積木

放在這個 C 型迴圈（loop）積木中的所有程式都會一直執行下去！

> 重複無限次

幫幫忙，我卡在這個迴圈裡面了，頭好暈啊！

造型換成下一個（NEXT COSTUME）積木

這個積木會讓角色變換到另一個不同的造型，讓它看起有一點點不一樣。你可以使用這個積木來做簡單的動畫。

> 造型換成下一個

等待直到（WAIT UNTIL）積木

把這兩個積木組合起來，當角色碰到另一個角色時就能執行一段程式。

> 等待直到　碰到　dinosaur　？

了解這些程式積木最好的方法就是寫程式。現在就開始吧！

小貓動起來

在第一個遊戲中，可以學到如何讓物體移動與改變方向。會用到各種輸入積木，讓玩家能透過鍵盤來與電腦互動。來試試看吧！

scratch mit edu

請打開電腦上的網路瀏覽器來使用 Scratch，在網址列輸入 **scratch.mit.edu**，最後按下鍵盤的 **Enter** 鍵。按下主頁面的 [**開始創造**] 就可以開始了。

2. 點擊事件指令區

- 動作
- 外觀
- 音效
- 事件

在畫面左上角找到 [**程式**] 標籤。

按一下 [**事件**] 按鈕就會看到所有的事件程式積木。

3. 開始寫程式

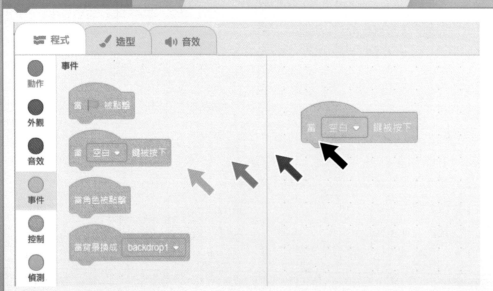

找到 **當空白鍵被按下** 這個程式積木。

用滑鼠按著這個積木，把它拖到程式區中。

4

4. 設定按鍵

你希望在按下鍵盤的向右按鍵時執行一段程式。

按一下下拉式選單,選擇 **向右**。

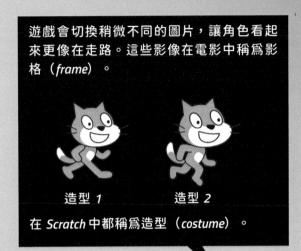

遊戲會切換稍微不同的圖片,讓角色看起來更像在走路。這些影像在電影中稱為影格(*frame*)。

造型 *1*　　　　造型 *2*

在 *Scratch* 中都稱為造型(*costume*)。

5. 動起來!

將以下程式積木拉到程式區中。積木的顏色可以幫助你快速尋找。

按下鍵盤的 **向右** 按鍵時,執行這裡的程式。

檢查小貓面向右邊(90 度)。

讓小貓移動 10 點。

換成下一個造型,看起來更像是小貓在走路。

 按一下畫面上方的 **綠色旗子** 來測試你的程式。
按下鍵盤的 向右 **按鍵**,貓就會開始走路!

選擇正確的按鍵就能執行每一段程式(參考步驟 4)。

6. 所有的方向

要讓小貓能朝著所有方向移動的話,
還要再加入三段程式:

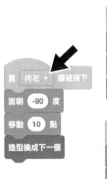

記得要修改每段程式的方向。可以用鍵盤輸入不同的角度數字,或用白色箭頭來選擇角色的移動方向。

你現在知道如何做出一個能讓角色朝著不同方向移動的互動小遊戲了。試著運用已經學會的知識,完成第 14 頁的 [狗狗動起來] 遊戲吧!

 按一下 **綠色旗子** 來測試程式。按下不同的鍵盤方向鍵來讓小貓跑來跑去吧!需要幫忙的話,可以看看 maxw.com 這個網站。

貓鼠賽跑

你已經做出一個簡易的小遊戲了，現在來做一個雙人遊戲吧！你會加入第二個動物角色來與小貓比賽。只要加入程式，就能用不同的鍵盤按鍵，讓這兩隻小動物動起來。

1. 啟動 SCRATCH

scratch mit edu

請用網路瀏覽器來開啟 **scratch.mit.edu** 網站，按下 [**開始創造**] 就可以開始。

2. 開始寫程式

將以下程式積木拉到程式區中。積木的顏色可以幫助你更快找到它們。

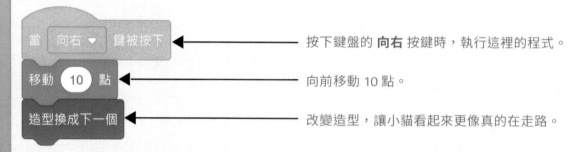

當 向右 ▼ 鍵被按下 ◀─────── 按下鍵盤的 **向右** 按鍵時，執行這裡的程式。

移動 10 點 ◀─────── 向前移動 10 點。

造型換成下一個 ◀─────── 改變造型，讓小貓看起來更像真的在走路。

 按一下 **綠色旗子** 來測試程式。每次按下鍵盤的 **向右** 按鍵，小貓應該都會前進一點。

3. 加入另一個角色

按一下 **選個角色** 按鈕。

仔細在畫面右下方找找看，要按對喔！

4. 選擇老鼠角色

你正在加入程式的角色，會用藍色框框包起來，代表現在選到它。

往下拉直到找到老鼠為止。

按一下，把這張圖設定為角色的影像。

你選的角色會顯示在角色清單中。

5. 加入程式

加入以下程式，當按下鍵盤的 **Z** 鍵時讓老鼠動起來：

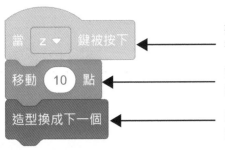

按下鍵盤的 **Z** 鍵時，執行這裡的程式。

讓老鼠角色向前移動 10 點。

改變造型，讓老鼠看起來更像真的在走路。

 按一下 **綠色旗子** 來測試程式。
按下鍵盤的 **Z** 鍵讓老鼠動起來。

6. 開始玩！

找一個朋友來比賽吧。比賽開始之前，先把你的角色拖到舞台的左邊。決定誰要當貓，誰要當老鼠。手指放好在鍵盤的向右或 Z 鍵上，比賽開始！

按下按鍵，愈快愈好，看看誰會贏！

你已經學會如何設計一個簡單的雙打遊戲。準備好接受挑戰的話，翻到第 14 頁來完成 [動物奧運會] 遊戲。

海中小魚兒

你在這個遊戲中會學到另一種控制角色移動的方式。為了讓角色不斷移動，會運用迴圈讓遊戲中的程式持續執行下去。鍵盤按鍵是用來控制小魚的輸入，再加上新的背景就能讓遊戲看起來更棒！

1. 啟動 SCRATCH

scratch mit edu

請用網路瀏覽器來開啟 **scratch.mit.edu** 網站，按下 [**開始創造**] 就可以開始。

2. 沒有貓

Sprite1

小貓不太會游泳。按一下角色圖示右上角的 **藍色 X** 來刪除它。

3. 加入一個角色

按一下 **選個角色** 按鈕。

4. 選擇小魚角色

往下拉，直到找到小魚圖片為止。

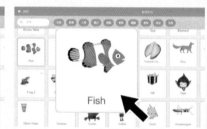

Fish

按一下，把這張圖設定為角色的影像。

5. 加入程式

將以下程式積木拉到程式區中：

按下綠色旗子時，執行這裡的程式。

不斷執行以下程式。

讓小魚角色向前移動 2 點。

一般來說，積木只會執行一次，或是在某個事件（像是按下按鍵）發生時才執行。[重複無限次]程式積木能讓放在它裡面的所有程式一直一直執行下續…無限次！

 按一下 **綠色旗子** 來測試程式，魚兒應該會慢慢往前移動。因為 **移動** 程式積木是放在 **重複無限次** 程式積木中，小魚會一直移動直到碰到舞台邊緣為止。

6. 改變方向

如果想要透過不同的鍵盤按鍵來控制小魚的移動方向。還要再新增兩段程式，如下圖：

當 **向左** 按鍵被按下時，執行這裡的程式。

讓小魚逆時鐘旋轉 15 度。

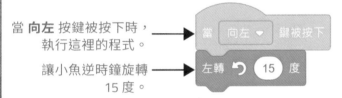

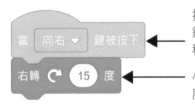

按下鍵盤的 **向右** 按鍵時，執行這裡的程式。

小魚順時針旋轉 15 度。

 把小魚拖到舞台的左邊，接著按下 **綠色旗子** 來測試程式。使用 **向左** 與 **向右** 按鍵來控制小魚。

仔細看看畫面右下方找到這個按鈕。別按錯喔！

7. 加入新的背景

 按一下 **選個背景** 按鈕。

8. 選擇 UNDERWATER

往下拉，直到找到 **underwater1** 這個背景為止。

按一下，將這個新背景加入你的遊戲中。

你在這個遊戲中學會了如何使用 [重複無限次] 程式積木（又稱為無窮迴圈）。迴圈能讓遊戲中的程式不斷重複執行。準備好接受挑戰的話，請翻到第 15 頁來完成 [小鳥天空飛] 遊戲。

蝙蝠拍翅飛

到目前為止，我們已經介紹了許多讓角色在遊戲中的移動方式。不過，多數遊戲都會有一個明確的目標，像是找到與收集某些東西。在蝙蝠拍翅飛這個遊戲中，你會學會如何寫程式，讓蝙蝠能夠收集橘子來吃，會用到電腦滑鼠來控制蝙蝠喔！

1. 沒有貓

這裡要的是蝙蝠，不是貓。
按一下角色圖示右上角的 **藍色 X** 來刪除它。

2. 加入一個角色

按一下 **選個角色** 按鈕。

3. 選擇蝙蝠角色

往下拉，直到找到蝙蝠圖片為止。

按一下，把這張圖設定為角色的影像。

4. 加入蝙蝠的程式

將以下程式積木拉到程式區中，讓蝙蝠在舞台中飛舞：

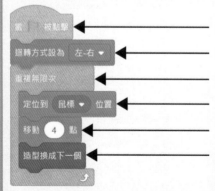

當 █ 被點擊 ◀—————— 按下 **綠色旗子** 時，執行這裡的程式。

迴轉方式設為 左-右 ▼ ◀————— 設定蝙蝠的迴轉方式（左 - 右）。

重複無限次 ◀————— 這個積木裡面的程式會不斷執行下去。

定位到 鼠標 ▼ 位置 ◀————— 設定方向，讓蝙蝠能夠朝著滑鼠移動過去。

移動 4 點 ◀————— 讓蝙蝠朝著滑鼠移動。

造型換成下一個 ◀————— 改變造型，讓蝙蝠看起來更像真的在拍動翅膀。

 按一下綠色旗子來測試程式。小蝙蝠應該會朝著你的滑鼠飛過去，移動滑鼠就可以讓蝙蝠在舞台上飛來飛去。

5. 加入新的角色

按一下 **選個角色** 按鈕。

6. 選擇橘子角色

往下找，直到找到橘子圖案為止。

按一下，把這張圖設定為角色的影像。

7. 加入橘子的程式

將以下程式積木拉到程式區中來控制橘子：

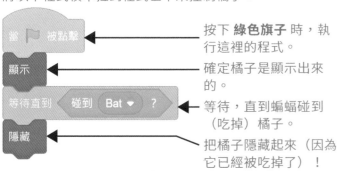

按下 **綠色旗子** 時，執行這裡的程式。

確定橘子是顯示出來的。

等待，直到蝙蝠碰到（吃掉）橘子。

把橘子隱藏起來（因為它已經被吃掉了）！

如何把程式積木組合起來

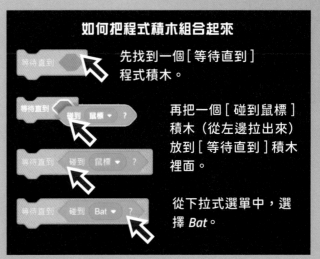

先找到一個 [等待直到] 程式積木。

再把一個 [碰到鼠標] 積木（從左邊拉出來）放到 [等待直到] 積木裡面。

從下拉式選單中，選擇 *Bat*。

8. 更多橘子

對角色清單中的橘子角色按下滑鼠右鍵。

按一下 **複製**。

重複步驟 *8* 直到有 *5* 個橘子為止！

9. 把橘子撒下去

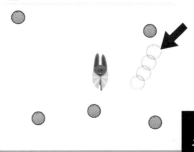

把橘子撒在舞台上。

（如果看不到新的橘子，先按綠色旗子再按 *Stop* 按鈕試試看。）

10. 設定背景

按一下 **選個背景** 按鈕。

往下拉，直到找到 **Woods** 這個背景。

按一下，把它設定為背景。

來測試程式一下。使用滑鼠來引導蝙蝠，讓牠把舞台上的橘子都吃光光！

在本遊戲中，你學會了如何運用 [隱藏] 與 [顯示] 積木，讓角色看起來就好像是被吃掉了一樣。你也使用了 [等待直到] 搭配 [碰到] 積木，來看看角色有沒有撞到其他的角色。最後，你還學會了如何複製角色來產生多個可以收集的目標。當你準備好接受挑戰時，請翻到第 15 頁來試試看 [恐龍找晚餐] 遊戲！

KIRAN 與魔幻水晶

這也是一個收集東西的遊戲，英勇的太空人 Kiran 要進行太空漫遊來收集許多的魔幻水晶。你要運用在先前遊戲中學會的知識，還要複製多個角色。同時會學到一種新的迴圈，並且讓魔幻水晶發光喔！

1. 貓不能上太空！

太空對於小貓來說不太安全。按一下藍色的 X 來刪除小貓角色。

2. 加入角色

按一下 **選個角色** 按鈕。

3. 選擇 KIRAN

往下拉，直到找到 **Kiran** 為止。

按一下 **Kiran**，把她設定為你的新角色。

4. 加入 KIRAN 的程式

把以下程式加入程式區，讓 Kiran 飛起來：

當 🏳 被點擊 ◀──── 按下綠色旗子時，執行這裡的程式。

尺寸設為 25 % ◀──── 讓 Kiran 縮小為原本大小的四分之一。

重複無限次 ◀──── 不斷執行這個積木裡面的程式。

定位到 滑鼠 位置 ◀──── 讓 Kiran 面對滑鼠。

移動 3 點 ◀──── 讓 Kiran 朝著滑鼠移動。

🏳 按一下 **綠色旗子** 來測試程式。這個程式應該會讓 Kiran 朝著你的滑鼠飛過去。移動滑鼠，讓她在舞台上練習飛翔吧！

5. 加入角色

按一下 **選個角色** 按鈕。

6. 尋找水晶角色

往下拉直到找到 **Crystal** 角色為止。

按一下來選擇這個角色。

7. 加入水晶的程式

將這些程式積木拉到程式區中來控制水晶：

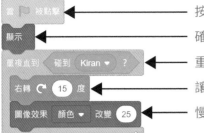

請翻到第 *11* 頁看看如何組合程式積木。

—— 按下綠色旗子時，執行這裡的程式。

—— 確定水晶是顯示出來的。

—— 重複執行下面這兩個程式積木，直到 Kiran 收集到水晶為止。

—— 讓水晶慢慢旋轉。

—— 慢慢改變水晶的顏色，看起來就像發光一樣。

—— 當 Kiran 碰到水晶的時候，把水晶隱藏起來。

8. 更多水晶

對角色清單中的 **Crystal** 角色按一下滑鼠右鍵。

按一下 **複製**。

重複步驟 *8* 直到水晶夠多為止！

9. 需要星星！

按一下 **選個背景** 按鈕。

往下拉，直到找到 **Stars** 這個背景為止。

按一下，把它設定為背景。

開始測試程式。使用滑鼠來帶領 Kiran 找到所有的魔幻水晶！

在本遊戲中，你成功讓水晶在被 Kiran 碰到的時候消失了。你使用了 [等待直到碰到] 迴圈，讓程式在找到某個水晶之前都能一直執行。這個程式產生了動畫的效果，讓遊戲看起來更厲害也更好玩。準備好接受挑戰的話，請翻到第 15 頁做做看 [RIPLEY 與外星人] 遊戲吧！

第1章
挑戰題

你從本章學到了製作 Scratch 遊戲的基礎技巧。學會使用迴圈來重複執行一段程式，以及輸入積木來對鍵盤與滑鼠作出回應。別忘了還有能讓角色跑來跑去的 [移動] 與 [旋轉] 積木。你還使用了 [隱藏]、[顯示]、[造型換成下一個] 與 [圖像效果（顏色）改變] 等積木來調整角色的外觀。

你已經完成本章的所有程式了，試試看以下的挑戰。祝你好運啦！

挑戰 1 狗狗動起來

回想一下 [小貓動起來] 遊戲中的程式是如何運作的。運用相同的想法來寫一個能讓小狗在舞台上四處移動的程式吧。請先刪除小貓角色之後再加入一個小狗角色。使用第 4 頁的程式，讓狗狗能在按下不同方向鍵時走來走去。

挑戰 2 動物奧運會

[小貓動起來] 遊戲示範了如何讓遊戲中有兩個能夠移動的角色。用相同的想法做出一個能讓四人同樂的遊戲如何？看看各種動物角色，選四個喜歡的加進來你的程式吧。

選個能順手按到的鍵盤按鍵來控制動物。參考第 6 頁的程式，當按下不同鍵盤按鍵時讓各個小動物動起來。

挑戰 3　小鳥天空飛

建立一個新的 Scratch 專案，選個喜歡的背景。先刪除小貓角色再加入鸚鵡（Parrot）角色。運用第 8 頁的 [海中小魚兒] 範例中的概念，按下鍵盤的 **向左** 與 **向右** 按鍵讓小鳥自由飛翔。請用 **造型換成下一個** 程式積木讓鸚鵡拍動翅膀吧。

挑戰 4　恐龍找晚餐

在 [蝙蝠拍翅飛] 這個遊戲中，你使用了多個角色做出了一個相當複雜的遊戲。開啟一個新專案，但要用不同的背景。這裡不再使用蝙蝠，加入一個恐龍（dinosaur）角色吧。使用與蝙蝠相同的程式來讓恐龍四處走動。恐龍到底會吃什麼呢？蛋？蘋果？還是其他的恐龍呢？請看看第 10 頁中關於橘子的程式，運用類似的技巧 讓食物被恐龍吃掉的時候會消失不見。

挑戰 5　RIPLEY 與外星人

還記得 [Kiran 與神奇水晶] 這個遊戲是怎麼做到的嗎？再做一個新遊戲吧，但在舞台上飛舞的人換成了 Ripley 角色。這次不用水晶了，要換成外星人（Ghost 角色）。運用魔幻水晶的程式點子，讓外星人能夠旋轉與改變顏色，多多嘗試來做出新的效果吧。當 Ripley 碰到外星人時，外星人一定要消失才行喔。請參考第 12 頁的程式來做出這個遊戲。

畫出各種背景與角色

本章將告訴你如何建立自己專屬的背景，以及自己畫一個角色。你會運用程式來偵測角色何時撞到了另一個角色，也會使用坐標來決定角色的位置並讓它移動。

想選一個喜歡的顏色嗎？試試看 *Scratch* 最新的混色工具吧。

這些繪畫工具在本章中都會用到。

選個顏色

在 Scratch 中，你可以拉動滑桿來組合出你喜歡的顏色。請在顏色編輯器中的調色盤中來玩玩看吧。

 ←—— 你建立的顏色會顯示在這個方塊中。

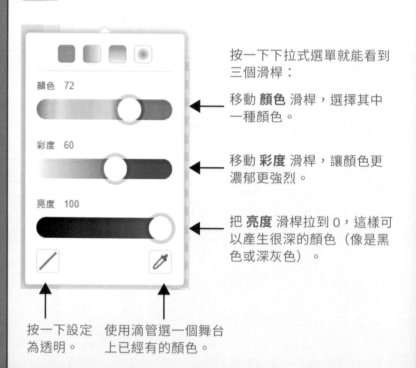

按一下下拉式選單就能看到三個滑桿：

移動 **顏色** 滑桿，選擇其中一種顏色。

移動 **彩度** 滑桿，讓顏色更濃郁更強烈。

把 **亮度** 滑桿拉到 0，這樣可以產生很深的顏色（像是黑色或深灰色）。

按一下設定為透明。

使用滴管選一個舞台上已經有的顏色。

把一個 **碰到顏色** 積木放到 **重複直到** 或 **如果** 積木中。

當出現白色框框時，放開滑鼠。

按一下顏色。

從跳出的視窗中選擇滴管。

移動滑鼠在舞台中找到一個你喜歡的顏色，然後按一下滑鼠。

現在要測試的顏色已經設定好了！

這是用來檢查角色在舞台上碰到了哪一種顏色。

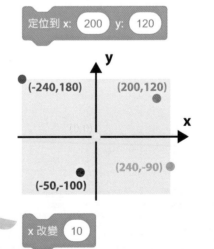

設定 X 與 Y 坐標

使用 [x 改變] 與 [y 改變] 這兩種積木來移動角色。

[定位到] 積木會把角色直接送到舞台上的某個坐標。

定位到 x: 200 y: 120

(-240,180)　　(200,120)

(240,-90)

(-50,-100)

x 改變 10

順流而下

本遊戲需要自己設計一個背景。你要畫出一條小河讓小船順流而下，還要確保小船都會待在河中。為了做到這個，就要用到程式來偵測小船角色可能會碰到的任何顏色。這裡會使用鍵盤來操控小船。

1. 沒有貓

按一下圖示角落的 **藍色 X** 來刪除角色。

2. 選擇背景

在角色區中按一下 **舞台** 圖示（畫面右下角）。

按一下 **背景** 標籤（畫面左上角）。

翻到第 16 頁來看看如何設定顏色。

3. 開始畫畫

按一下 **轉換為點陣圖** 按鈕。（這會讓畫畫變得簡單一點）。

選擇 **填滿** 工具。

填滿 按一下 **填滿** 下拉式選單，選一個你喜歡的綠色。

按一下繪畫區，就會填滿剛剛選好的綠色了。

4. 設定筆刷風格

選擇 **筆刷** 工具。

選擇藍色。

100

輸入 100，讓筆刷變得很粗。

5. 畫出小河

使用 **筆刷** 工具來畫出一條河。請檢查河的寬度夠不夠把你的小帆船放進去。
（如果小船很容易卡住的話，請回到上一步，多畫一點水讓河寬一點）。

如果不小心畫錯的話，按一下 [復原] 按鈕然後再試一次。

6. 加入角色

按一下 **選個角色** 按鈕。

7. 找到小船

按一下 **小帆船**，把這張圖設定為角色的影像。

8. 寫程式讓小船動起來

將以下程式加入程式區中，讓小帆船動起來：

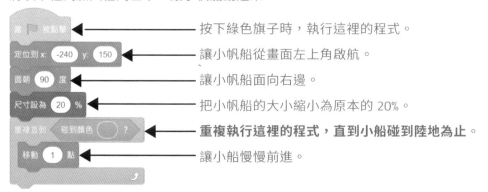

按下綠色旗子時，執行這裡的程式。

讓小帆船從畫面左上角啟航。

讓小帆船面向右邊。

把小帆船的大小縮小為原本的 20%。

重複執行這裡的程式，直到小船碰到陸地為止。

讓小船慢慢前進。

使用滴管來選擇牆壁的顏色。請參考第 17 頁。

加入以下兩段程式，當按下向左或向右按鍵時可以控制小船的方向：

選擇要檢查的鍵盤按鍵。

設定旋轉方向。

現在來測試程式吧！

本遊戲示範了如何自己畫出一個背景。這裡運用了 **碰到顏色** 積木來檢查角色是否撞到了背景圖片的某個地方，這個技巧在本書裡頭會經常用到。準備好接受挑戰了嗎？翻到第 32 頁來完成 [勇往直前] 遊戲。

怪物迷宮

這個遊戲讓你有機會來練習自己的繪畫技術。你會運用程式來偵測角色有沒有碰到迷宮的某個地方。還會用到另一種讓角色移動的技巧。迴圈可讓角色一直移動下去，按下方向鍵還能改它的方向。

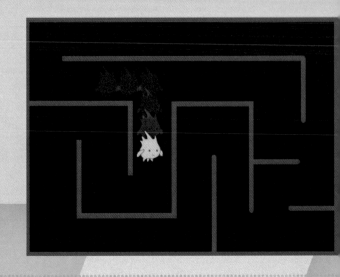

按一下角色圖示角落的 **藍色 X** 來刪除小貓角色。

在角色區中，按一下 **舞台** 圖示（畫面右下角）。

按一下畫面左上角的 **背景** 標籤。

翻到第 16 頁來看看如何設定顏色。

按一下 **轉換為點陣圖** 按鈕。（這會讓畫畫變得簡單一點）。

選擇 **填滿** 工具。

按一下 **填滿** 下拉式選單，設定為黑色。

按一下繪畫區，就會填滿黑色了。

選擇 **線條** 工具。

選一個你喜歡的藍色。

20

在繪畫區上方輸入 20 讓線條變粗一點。

5. 加入一些牆

使用 **線條** 工具,慢慢把迷宮蓋出來。

6. 加入角色

按一下 **選個角色** 按鈕。

7. 找到 GOBO

按一下 **Gobo**,把它設定為你的新角色。

8. 寫程式讓怪獸動起來

把以下程式加入程式區中,讓 Gobo 小怪獸動起來:

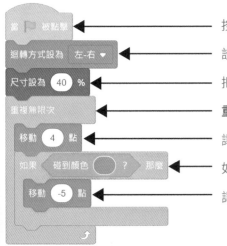

按下綠色旗子時,執行這裡的程式。

設定小怪獸的旋轉方式(左 - 右)。

把角色的大小縮小為原本的 40%,這樣才能塞進迷宮裡面。

重複執行這裡的程式。

讓角色向前移動 4 點。

如果角色撞到牆的話,執行這裡的程式。

讓角色向後移動 5 點。

 使用滴管來選擇牆壁的顏色。請參考第 17 頁。

現在加入以下四段程式,當按下某個方向鍵時可以改變角色的方向:

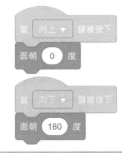

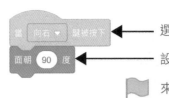

選擇要檢查的按鍵。

設定移動方向。

🚩 來測試程式吧!

你在這個遊戲中學會了自己建立迷宮的背景,還使用了與 [順流而下] 遊戲中相同的技巧來偵測有沒有撞到東西—碰到 **顏色** 積木。不過,這次讓角色移動的程式運用了新的想法,讓怪獸撞到牆之後還能往回走。準備好接受挑戰了嗎?翻到第 32 頁來完成 [魔幻迷宮] 遊戲。

企鵝雪橇大闖關

這是馬路小英雄遊戲的冬季版，小企鵝要一邊躲開橫衝直撞的雪橇，並且順利抵達畫面另一端的海邊！有四個複製後的雪橇角色會在舞台上來回移動，並檢查有沒有撞到企鵝。你會運用 [碰到顏色] 積木來檢查企鵝是否成功抵達海邊。

翻到第 16 頁來看看如何設定顏色。

1. 沒有貓

按一下 **藍色** **X** 來刪除小貓角色。

2. 選擇背景

按一下畫面左上角的 **背景** 標籤。

3. 開始畫畫

按一下 **轉換為點陣圖** 按鈕。

選擇 **方形** 工具。

按著滑鼠，在畫面最下方畫出一個薄薄的方形。

在畫面最上方畫一個藍色方形，這就是海洋。

4. 加入一個角色

按一下 **選個角色** 按鈕。

在所有角色中找到並按一下 **Penguin 2**。

5. 加入企鵝角色的程式

按一下 **程式** 標籤，把以下程式加入程式區中：

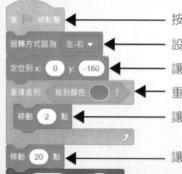

按下綠色旗子時，執行這裡的程式。

設定企鵝的迴轉方式（左 - 右）。

讓企鵝從舞台中間的最下方出發。

重複執行這裡的程式，直到企鵝抵達海洋為止。

讓企鵝向前移動 2 點。

讓企鵝移動 20 點，奔向海洋。

企鵝成功了！顯示一段訊息。

6. 設定如何改變方向

當按下以下其中一個鍵盤按鍵時，讓小企鵝改變方向：

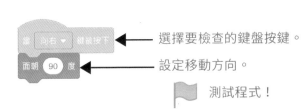

選擇要檢查的鍵盤按鍵。

設定移動方向。

🚩 測試程式！

7. 加入一個雪橇

重複步驟 4 來加入另一隻企鵝。

按一下 **penguin2-c** 造型，這是一個朝著側面的企鵝。請在 **造型** 標籤下的造型清單來找到它。

按一下 **轉換為點陣圖** 按鈕。

選擇 **筆刷** 工具。

30

輸入 **30** 讓筆刷變粗一點。

使用 **線條** 工具畫出簡單的雪橇外形。

8. 加入雪橇的程式

按一下 **程式** 標籤，把以下程式加入程式區中：

按下綠色旗子時，執行這裡的程式。

設定雪橇的迴轉方式（左 - 右）。

重複執行以下程式，直到它撞到企鵝為止。

讓雪橇向前移動 5 點。

如果雪橇碰到畫面邊緣的話，改變它的方向。

企鵝撞到東西了！顯示一段訊息。

停止企鵝與其他所有雪橇的程式。

9. 加入更多雪橇

在角色清單中，對雪橇圖示按一下滑鼠右鍵。

按一下 **複製**。複製後的角色會出現在角色清單與上方的舞台中。

複製出更多雪橇，把它們放在你喜歡的地方吧。

🚩 按一下 **綠色旗子** 來測試程式。

準備好接受挑戰了嗎？翻到第 33 頁，自己做一個過馬路遊戲。

跳跳色塊

在這個 [跳跳色塊] 遊戲中，你會以迷宮為基礎來設計一個刺激又有挑戰性的遊戲。你會建立許多在迷宮牆壁之間彈來彈去的小方塊，這就是要試著通過的障礙物。程式會檢查每個小方塊有沒有撞到迷宮的牆。如果撞到的話，它的方向就會改變 180 度，也就是朝著相反的方向彈回去。綠色的玩家角色要能夠通過這個迷宮而且不會撞到任何方塊！

1. 沒有貓

刪除小貓角色。

2. 選擇背景

在角色區中按一下 **舞台** 圖示。

按一下畫面左上角的 **背景** 標籤。

翻到第 16 頁來看看如何設定顏色。

3. 開始畫畫

按一下 **轉換為點陣圖** 按鈕。

選擇 **填滿** 工具。

選擇一個你喜歡的桃紅色。

用這個顏色填滿繪畫區。

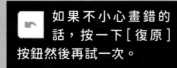
如果不小心畫錯的話，按一下[復原]按鈕然後再試一次。

4. 畫出道路

選擇 **方形** 工具。

選一個很淺的灰色。

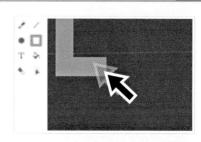

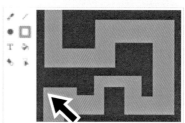

使用滑鼠在畫面上畫出一條路。

5. 加入移動方塊角色

把滑鼠放在 **選個角色** 按鈕。

選擇 **繪畫** 選項（筆刷圖示）。

6. 畫一個方塊

按一下 **轉換為點陣圖** 按鈕。

選擇 **方形** 工具。

選一個你喜歡的深紅色。

在繪畫區中間畫一個很小的方形。

7. 加入程式讓方塊動起來

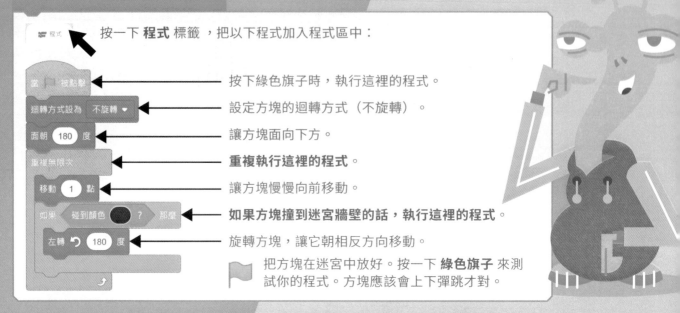

按一下 **程式** 標籤，把以下程式加入程式區中：

按下綠色旗子時，執行這裡的程式。

設定方塊的迴轉方式（不旋轉）。

讓方塊面向下方。

重複執行這裡的程式。

讓方塊慢慢向前移動。

如果方塊撞到迷宮牆壁的話，執行這裡的程式。

旋轉方塊，讓它朝相反方向移動。

把方塊在迷宮中放好。按一下 **綠色旗子** 來測試你的程式。方塊應該會上下彈跳才對。

8. 8. 複製出更多方塊

在角色清單中對方塊圖示按一下滑鼠右鍵。

按一下 **複製**。

複製後的角色會出現在角色清單與上方的舞台中。

回到舞台，把角色拉到路上放好。

9. 加入改變方向的程式

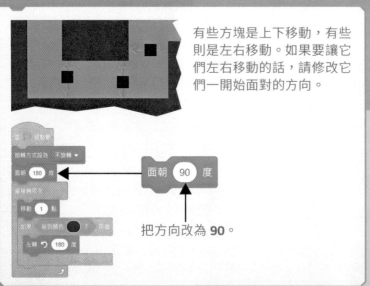

有些方塊是上下移動，有些則是左右移動。如果要讓它們左右移動的話，請修改它們一開始面對的方向。

面朝 90 度

把方向改為 **90**。

10. 加入玩家角色

把滑鼠放在 **選個角色** 按鈕。

選擇 **繪畫** 選項（筆刷圖示）。

11. 畫出玩家角色

按一下 **轉換為點陣圖** 按鈕。

選擇 **方形** 工具。

選一個你喜歡的顏色。

在繪畫區中間畫出玩家角色，讓它與紅色障礙物角色差不多大。

12. 加入程式來控制玩家移動

程式 按一下 **程式** 標籤，把以下程式加入程式區中：

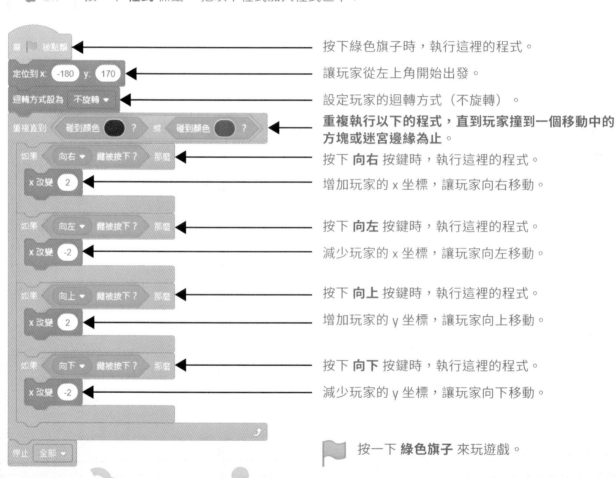

按下綠色旗子時，執行這裡的程式。

讓玩家從左上角開始出發。

設定玩家的迴轉方式（不旋轉）。

重複執行以下的程式，直到玩家撞到一個移動中的方塊或迷宮邊緣為止。

按下 **向右** 按鍵時，執行這裡的程式。

增加玩家的 x 坐標，讓玩家向右移動。

按下 **向左** 按鍵時，執行這裡的程式。

減少玩家的 x 坐標，讓玩家向左移動。

按下 **向上** 按鍵時，執行這裡的程式。

增加玩家的 y 坐標，讓玩家向上移動。

按下 **向下** 按鍵時，執行這裡的程式。

減少玩家的 y 坐標，讓玩家向下移動。

按一下 **綠色旗子** 來玩遊戲。

準備好接受挑戰了嗎？翻到第 33 頁來完成 [轉轉色塊] 遊戲。

競速賽車

雙人遊戲很好玩，而且程式也不難。你在本遊戲中要設計並寫程式控制一台小車，還要複製這台小車來產生第二個玩家的車子。

在這裡會用到 [碰到顏色] 積木來讓車子保持在跑道上。複製好第一台車子之後，需要修改第二台小車的程式，才能用不同的鍵盤按鍵來控制它。

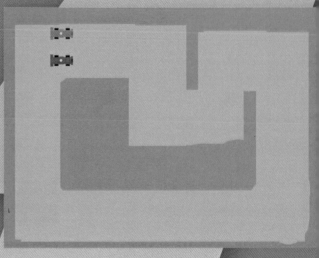

1. 沒有貓

刪除小貓角色。

2. 選擇背景

在角色區中按一下 **舞台** 圖示。

按一下 **背景** 標籤。

> 翻到第 16 頁來看看如何設定顏色。

3. 畫出背景

按一下 **轉換為點陣圖** 按鈕。

選擇 **填滿** 工具。

按一下 **填滿** 下拉式選單，選一個你喜歡的綠色。

用這個顏色填滿繪畫區。

4. 畫出跑道

選擇 **方形** 工具。

選一個你喜歡的灰色。

畫出很多很多的方形，這就是遊戲的跑道。之後你想要把跑道變寬或變窄都沒問題。

5. 加入車子角色

把滑鼠放在 **選個角色** 按鈕。

找到 **繪畫** 選項。按一下 **繪畫**。

如果不小心畫錯的話，按一下 [復原] 按鈕然後再試一次。

6. 畫出車子

按一下 **轉換為點陣圖** 按鈕。

選擇 **方形** 工具。

設計賽車時，先畫一台大一點的車子，這樣比較容易處理細節。之後可以透過程式來縮小車子。在畫車子的時候，請盡量填滿整個繪畫區。

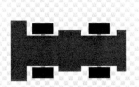

使用深紅色在前面加上一個箱子，這可以幫助你用來偵測碰撞。

使用 **圓形** 工具，在車子上加入駕駛的黃色安全帽。

29

7. 加入車子的程式

程式 按一下畫面左上方的 **程式** 標籤，把以下程式加入程式區中：

當 ▌ 被點擊 ◀━━━━━━━━━━ 按下綠色旗子時，執行這裡的程式。

尺寸設為 `10` % ◀━━━━━━━━━━ 把車子的大小縮小為原本的 10%。

定位到 x: `-150` y: `-140` ◀━━━━━━━━━━ 讓車子移動到畫面的左上角。

面朝 `90` 度 ◀━━━━━━━━━━ 讓車子面向右邊。

重複無限次 ◀━━━━━━━━━━ 重複執行這裡的程式。

如果 〈 向左 ▾ 鍵被按下？ 〉 那麼 ◀━━━━━━ 當按下 **向左** 按鍵時，執行這裡的程式。

左轉 ↺ `5` 度 ◀━━━━━━━━━━ 讓車子逆時鐘旋轉。

如果 〈 向右 ▾ 鍵被按下？ 〉 那麼 ◀━━━━━━ 當按下 **向右** 按鍵時，執行這裡的程式。

右轉 ↻ `5` 度 ◀━━━━━━━━━━ 讓車子順時鐘旋轉。

> 上面這段程式是用來控制小車轉彎。你還需要一些能讓小車前進的程式。

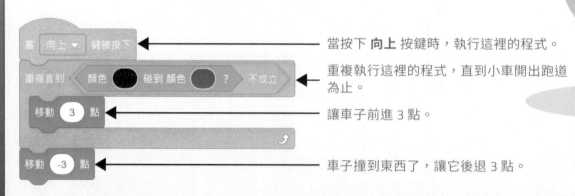

當 向上 ▾ 鍵被按下 ◀━━━━━━━━━━ 當按下 **向上** 按鍵時，執行這裡的程式。

重複直到 〈 顏色 ● 碰到 顏色 ● ？ 〉 不成立 ◀━━━ 重複執行這裡的程式，直到小車開出跑道為止。

移動 `3` 點 ◀━━━━━━━━━━ 讓車子前進 3 點。

移動 `-3` 點 ◀━━━━━━━━━━ 車子撞到東西了，讓它後退 3 點。

🏁 按一下 **綠色旗子** 來測試你的程式。按下 **向上** 按鍵讓小車開始移動。使用 **向左** 與 **向右** 按鍵來控制它在跑道上奔馳。如果小車撞到任何綠色的東西，它會停下來等到你再按一次 **向上** 按鍵後就會繼續移動。

8. 加入另一台車子

在角色清單中，對小車圖示按一下滑鼠右鍵。

按一下 **複製**。

9. 修改按鍵

你需要不同的鍵盤按鍵來控制這台新車子。

把： 向左 ▼ 鍵被按下？　　改為： z ▼ 鍵被按下？

把： 向右 ▼ 鍵被按下？　　改為： x ▼ 鍵被按下？

把： 當 向上 ▼ 鍵被按下　　改為： 當 s ▼ 鍵被按下

10. 設定新的顏色

按一下 **造型** 標籤。

使用 **填滿** 工具來改變第二台車的車身顏色（記得車子最前面的深紅色，要與第一台一樣喔！）

你已經學會如何複製角色來設計一個簡單的雙人遊戲了。準備好接受挑戰的話，翻到第 33 頁來完成 [月球冒險]。

第 2 章
挑戰題

本章介紹了如何自己畫各種背景與角色，讓你的遊戲更有個人特色。你運用了 碰到顏色 積木來檢查角色有沒有碰到背景中的某個顏色，接著運用這個事件來改變遊戲狀態。透過坐標來設定或改變角色的位置能讓你對遊戲有更全面的掌握。

試試看這些挑戰題來看看你學會多少吧。
祝你好運囉！

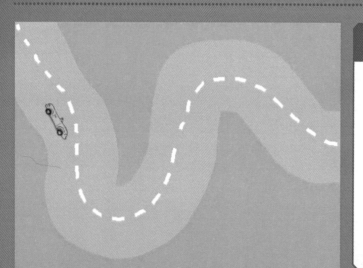

挑戰 1 勇往直前

使用在 [順流而下] 遊戲中學到的想法來做出一個類似的遊戲。這個挑戰題中有一台在道路上奔馳的小車。先畫一個綠色的背景，再畫一條灰色的道路。加入一個小車（car）角色，接著透過程式讓它能像第 18 頁這樣來移動。小車撞到綠色的東西時會停下來。

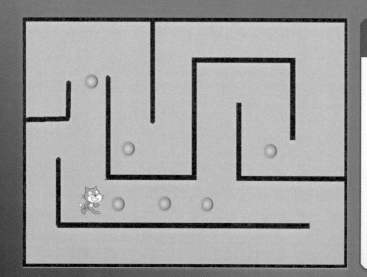

挑戰 2 魔幻迷宮

請參考第 20 頁的 [怪物迷宮] 遊戲來幫助你完成這個挑戰題。建立一個新的 Scratch 專案，自己畫一個迷宮吧。使用程式讓小貓在迷宮中冒險，直到牠碰到迷宮的某一面牆為止。當遊戲執行時，別忘了加入一些神奇寶石讓小貓來收集。運用第 12 頁 [Kiran 與魔幻水晶] 遊戲中的概念，讓寶石被小貓找到之後能夠消失。

挑戰 3　企鵝過馬路

建立一個新的 Scratch 專案。在繪畫區畫出一條路。加入程式，當按下不同的鍵盤按鍵時，企鵝會隨之移動。運用第 23 頁的程式來幫助你吧。加入一個車子角色，接著寫程式讓它能從左邊開到右邊（與之前的雪橇一樣）。當車子能正確執行之後，複製它來產生第二台車子。你的目標是讓企鵝順利通過馬路，做法就和 [企鵝雪橇大闖關] 一樣。

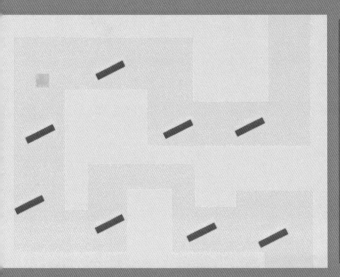

挑戰 4　轉轉色塊

畫一條類似 [跳跳色塊] 遊戲中的小路。畫一個紫色小方形做為新的角色。透過程式讓它能慢慢旋轉，作法是在 [重複無限次] 迴圈中放一個 [轉動 1 度] 積木。把這個角色複製幾個出來，並放在路上的不同位置來產生移動的障礙物。加入一個新的綠色方塊角色作為玩家。加入程式，當按下不同的鍵盤按鍵時，玩家也會隨之移動（請參考第 23 頁）。

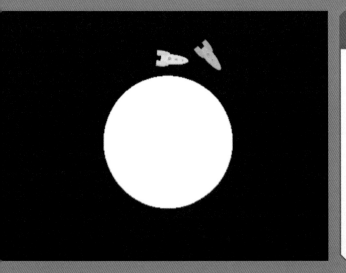

挑戰 5　月球冒險

做一個類似第 28 頁 [競速賽車] 遊戲的賽車遊戲吧。不過這題不用車子了，改畫一個火箭。加入程式讓它動起來，並設定用來控制的鍵盤按鍵。你需要修改原本在 [競速賽車] 遊戲中的程式，好讓火箭能夠偵測黑色，而非先前的灰色。遊戲能順利執行之後，複製原本的火箭來再加另一個新的。記得修改用來控制第二個火箭的鍵盤按鍵。

得了幾分？

你可以做一些事情讓遊戲更好玩。例如，透過產生隨機數字來改變角色移動的方式，就能讓遊戲變得更難預測。或是加入時間限制，鼓勵玩家們與時間賽跑。更重要的是，你會學會運用變數在遊戲中顯示分數。

隨機數字

x 改變 10

你已經在第 2 章中學會如何設定角色一開始的坐標。

x 改變 隨機取數 1 到 100

使用 **隨機取數** 積木，就可以把角色的 x 位置改變為一個範圍之內的隨機數字了。

好像在丟一個大骰子呢！

1　23　45　↖　96

顯示計時器

你可以在舞台上放一個計時器，用來顯示程式已經執行了多久。

控制

偵測

按一下 **偵測** 按鈕。

☑ 計時器

找到 **計時器** 程式積木，並把它的勾選框勾起來。

計時器重置

這個積木會把時間歸零。

在遊戲開始時使用這個積木來重置（歸零）計時器。

變數

變數是一種在程式中保存一個數字或值的特殊方式。

Score　12

運算

變數

保存在變數中的值是可以修改的。
這非常適合用來儲存遊戲的得分！

你可以在 **變數** 程式區中找到各種變數相關的程式積木。

變數 score ▼ 設為 0

變數 score ▼ 改變 1

這個程式會讓 *score* **增加 1**。

使用這個程式積木，在遊戲開始時把 *score* 重置為 *0*。

35

企鵝滑雪學校

在這個遊戲中，企鵝要一邊閃過許多樹木來滑下山坡。你會修改一個現有的角色來產生一個會滑雪的企鵝。

這裡需要把很多樹隨意放在（隨機位置）舞台上。

1. 沒有貓

按一下 X 來刪除小貓角色。

2. 加入企鵝角色

按一下 **選個角色** 按鈕。

在角色清單中找找看，按一下 **Penguin 2** 角色。

3. 準備好編輯了嗎？

按一下畫面左上角的 **造型** 標籤。

按一下 **轉換為點陣圖** 按鈕。

4. 設定線條工具

選擇 **線條** 工具。

選一個你喜歡的紫色。

輸入 **20** 讓線條粗一點。

5. 加入雪橇

使用 **線條** 工具畫出企鵝的雪橇。

6. 加一頂帽子

用 **筆刷** 工具畫出一頂帽子吧。

7. 加入另一個角色

把滑鼠放在 **選個角色** 按鈕。

按一下 **繪畫** 選項。

如果不小心畫錯的話，按一下 [復原] 按鈕然後再試一次。

8. 畫一顆樹

按一下 **轉換成點陣圖** 按鈕。

選擇 **線條** 工具。

 填滿

選一個你喜歡的綠色。

按一下 **填滿** 工具。

用這個綠色填滿樹。

選一個你喜歡的棕色。

選擇 **方形** 工具。

使用滑鼠把樹幹畫好。

37

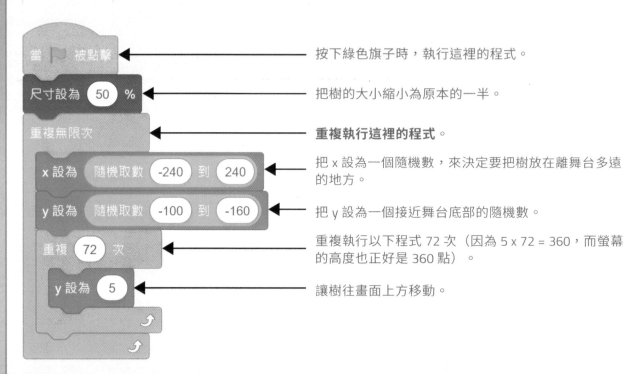

程式　按一下畫面左上角的 **程式** 標籤，接著這些程式加入程式區中：

當 ▶ 被點擊　◀──────── 按下綠色旗子時，執行這裡的程式。

尺寸設為 50 %　◀──────── 把樹的大小縮小為原本的一半。

重複無限次　◀──────── **重複執行這裡的程式。**

x 設為 隨機取數 -240 到 240　◀──────── 把 x 設為一個隨機數，來決定要把樹放在離舞台多遠的地方。

y 設為 隨機取數 -100 到 -160　◀──────── 把 y 設為一個接近舞台底部的隨機數。

重複 72 次　◀──────── 重複執行以下程式 72 次（因為 5 x 72 = 360，而螢幕的高度也正好是 360 點）。

y 設為 5　◀──────── 讓樹往畫面上方移動。

🚩 按一下 **綠色旗子** 來測試看看到目前為止的程式。樹應該會往舞台上方移動才對。
當它碰到最頂端時，它會從畫面下方的某個位置再次往上出發。

現在樹的程式寫好了，接著寫企鵝的程式。

Empty　Penguin 3

按一下角色清單中的企鵝圖示。

把以下程式加入程式區中：

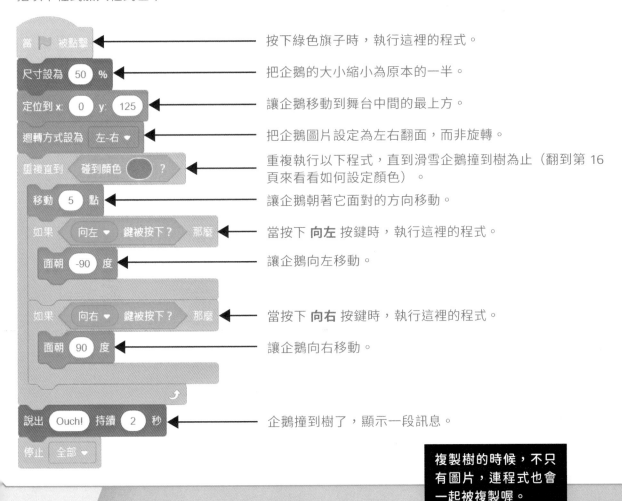

按下綠色旗子時，執行這裡的程式。

把企鵝的大小縮小為原本的一半。

讓企鵝移動到舞台中間的最上方。

把企鵝圖片設定為左右翻面，而非旋轉。

重複執行以下程式，直到滑雪企鵝撞到樹為止（翻到第 16 頁來看看如何設定顏色）。

讓企鵝朝著它面對的方向移動。

當按下 **向左** 按鍵時，執行這裡的程式。

讓企鵝向左移動。

當按下 **向右** 按鍵時，執行這裡的程式。

讓企鵝向右移動。

企鵝撞到樹了，顯示一段訊息。

> 複製樹的時候，不只有圖片，連程式也會一起被複製喔。

12. 加入另一顆樹

在角色清單中，對樹的圖示按下滑鼠右鍵。

按一下 **複製**。

按一下 **綠色旗子** 來測試程式。按下 **向左** 與 **向右** 按鍵來控制企鵝左右移動來閃開樹喔！

本遊戲示範了如何使用隨機數字來讓遊戲更刺激好玩。你可以試試看把這個技巧用在先前章節已經做過的遊戲中。準備好接受挑戰的話，翻到第 56 頁來完成 [越野滑雪] 遊戲吧？

鯊魚與潛水員

score 7

在本遊戲中，潛水員必須找到海中所有的寶藏，但同時還要躲開游來游去的鯊魚！你會使用滑鼠來控制潛水員，並且建立多個鯊魚角色來增加遊戲的難度。會用到一個 score 變數來記錄找到了多少寶藏。

1. 沒有貓

貓不喜歡鯊魚。按一下 **X** 來刪除小貓角色。

2. 水底背景

按一下 **選個背景** 按鈕。

找到 **Underwater 2**，按一下把它設定為背景。

3. 加入潛水員

按一下 **選個角色** 按鈕。

在所有角色中找到並按一下 **Diver 2**。

4. 加入潛水員的程式

把以下程式加入程式區中：

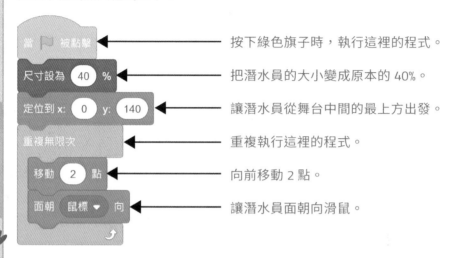

按下綠色旗子時，執行這裡的程式。

把潛水員的大小變成原本的 40%。

讓潛水員從舞台中間的最上方出發。

重複執行這裡的程式。

向前移動 2 點。

讓潛水員面朝向滑鼠。

🚩 按一下 **綠色旗子** 來測試程式。當你在畫面中移動滑鼠時，
潛水員應該會朝著滑鼠游過去。

5. 加入一些寶藏

按一下
選個角色 按鈕。

按一下 **Ball** 角色。

6. 建立 SCORE 變數

按一下 **程式**
標籤。

按一下
變數 按鈕。

按一下
建立一個變數。

輸入 **score**。

按一下 **確定**。
現在這個變數已經
顯示在舞台的左上
角了。

7. 匯入音效

按一下 **音效** 標籤。
（畫面左上角）。

按一下 **選個音效** 按鈕。
（畫面左下角）。

在音效清單中找到
Fairydust，按一下就可
以匯入這個音效了。

8. 加入寶藏的程式

按一下 **程式** 標籤 ，把以下程式加入程式區中：

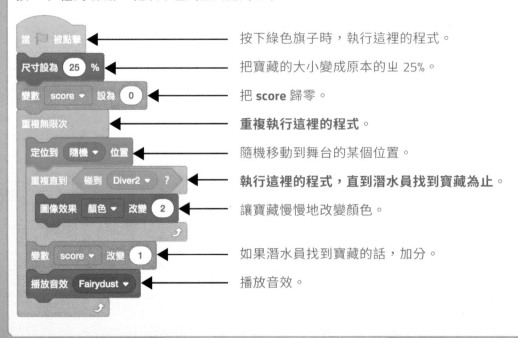

按下綠色旗子時，執行這裡的程式。

把寶藏的大小變成原本的 ᵾ 25%。

把 score 歸零。

重複執行這裡的程式。

隨機移動到舞台的某個位置。

執行這裡的程式，直到潛水員找到寶藏為止。

讓寶藏慢慢地改變顏色。

如果潛水員找到寶藏的話，加分。

播放音效。

9. 加入鯊魚

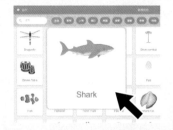

按一下 **選個
角色** 按鈕。

在所有角色中找到並
按一下 **Shark**。

10. 加入鯊魚的程式

把以下程式加入程式區中：

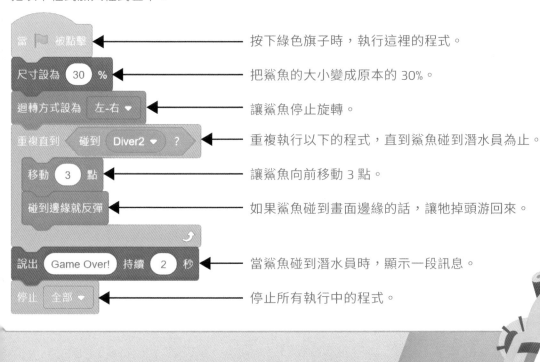

當 ▐ 被點擊 ◄─────── 按下綠色旗子時，執行這裡的程式。

尺寸設為 30 % ◄─────── 把鯊魚的大小變成原本的 30%。

迴轉方式設為 左-右 ▾ ◄─────── 讓鯊魚停止旋轉。

重複直到 碰到 Diver2 ▾ ? ◄─────── 重複執行以下的程式，直到鯊魚碰到潛水員為止。

移動 3 點 ◄─────── 讓鯊魚向前移動 3 點。

碰到邊緣就反彈 ◄─────── 如果鯊魚碰到畫面邊緣的話，讓牠掉頭游回來。

說出 Game Over! 持續 2 秒 ◄─────── 當鯊魚碰到潛水員時，顯示一段訊息。

停止 全部 ▾ ◄─────── 停止所有執行中的程式。

11. 加入更多鯊魚

在角色清單中，對鯊魚角色按一下滑鼠右鍵。

按一下 **複製**。

複製更多鯊魚並把牠們分散開來，確保遊戲開始時鯊魚會在不同的地方。

▐ 按一下 **綠色旗子** 來測試程式。

準備好接受挑戰了嗎？翻到第 56 頁來完成 [恐龍城市] 遊戲，從飛來飛去的翼龍威脅之下救出大家吧。

接水果

這是一款簡單的接物遊戲，位於畫面下方的玩家可左右移動。玩家的任務是接住不斷掉下來的水果。這裡會運用變數來保存分數，也會使用計時器將遊戲時間限制在 30 秒以內。移動水果的方式是改變他的 x 與 y 坐標來做到的。

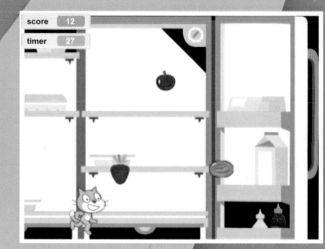

1. 建立 SCORE 變數

按一下
變數 按鈕。

按一下
建立一個變數 按鈕。

輸入 **score**。

按一下
確定。

2. 顯示計時器

按一下 **偵測**
按鈕。

找到 **計時器**
積木，把它
勾選起來。

這會在畫面上放好一
個計時器，來顯示遊
戲已經執行了多久。

把以下程式加入程式區中，讓小貓動起來：

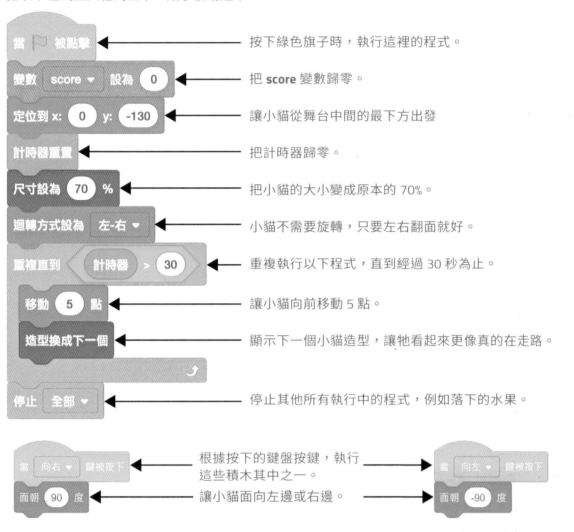

當 ▶ 被點擊 ◀—————— 按下綠色旗子時，執行這裡的程式。

變數 score ▾ 設為 0 ◀—————— 把 score 變數歸零。

定位到 x: 0 y: -130 ◀—————— 讓小貓從舞台中間的最下方出發

計時器重置 ◀—————— 把計時器歸零。

尺寸設為 70 % ◀—————— 把小貓的大小變成原本的 70%。

迴轉方式設為 左-右 ▾ ◀—————— 小貓不需要旋轉，只要左右翻面就好。

重複直到 計時器 > 30 ◀—————— 重複執行以下程式，直到經過 30 秒為止。

移動 5 點 ◀—————— 讓小貓向前移動 5 點。

造型換成下一個 ◀—————— 顯示下一個小貓造型，讓牠看起來更像真的在走路。

停止 全部 ▾ ◀—————— 停止其他所有執行中的程式，例如落下的水果。

當 向右 ▾ 鍵被按下 ◀——— 根據按下的鍵盤按鍵，執行 ———▶ 當 向左 ▾ 鍵被按下
面朝 90 度 ◀——— 這些積木其中之一。 ———▶ 面朝 -90 度
　　　　　　　　　　 讓小貓面向左邊或右邊。

4. 冷卻一下

按一下 **選個背景** 按鈕。

按一下 **Refrigerator**。

5. 加入角色

 按一下畫面右下角的 **選個角色** 按鈕。

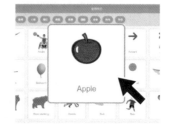 在所有角色中找到並按一下 **Apple**。

現在加入一個角色作爲掉下來的水果。按一下畫面右邊的 [選個角色] 按鈕，你要把這個角色換成其他的水果。對每個水果角色加入新的造型。別忘了，[選個造型] 按鈕的位置是在 [造型] 標籤之下的左下角。

6. 加入香蕉造型

 按一下畫面左下角的 **選個造型** 按鈕。

 在所有角色中找到並按一下 **Bananas**。

7. 加入更多造型

 按一下 **選個造型**。

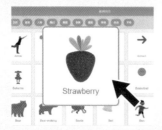

加入一個 **Strawberry** 造型。

 按一下 **選個造型**。

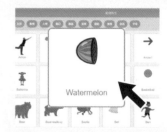

加入一個 **Watermelon** 造型。

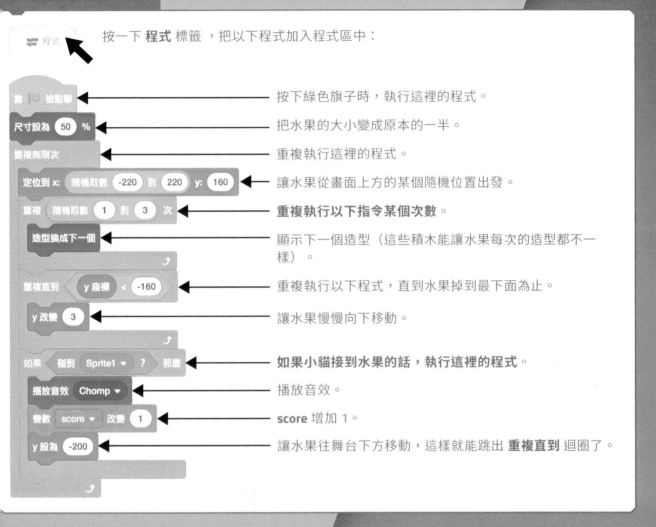

按一下 **程式** 標籤，把以下程式加入程式區中：

按下綠色旗子時，執行這裡的程式。

把水果的大小變成原本的一半。

重複執行這裡的程式。

讓水果從畫面上方的某個隨機位置出發。

重複執行以下指令某個次數。

顯示下一個造型（這些積木能讓水果每次的造型都不一樣）。

重複執行以下程式，直到水果掉到最下面為止。

讓水果慢慢向下移動。

如果小貓接到水果的話，執行這裡的程式。

播放音效。

score 增加 1。

讓水果往舞台下方移動，這樣就能跳出 **重複直到** 迴圈了。

9. 加入更多水果

對角色清單中的 **Apple** 按一下滑鼠右鍵。

按一下 **複製**。

翻到第 57 頁來完成 [接好！神秘箱] 遊戲。

磚塊疊疊樂

在許多像是俄羅斯方塊這樣的遊戲中,都會有各種形狀的磚塊從天而降。在這個遊戲中,玩家要引導掉下來的磚塊塞到某個地方去。遊戲的目標是在舞台上塞進愈多磚塊愈好。當磚塊角色掉到畫面最下方或撞到其他磚塊的時候,只要把它複製回舞台上就好了。就算這樣會讓遊戲看起來有好多好多的磚塊,但實際上只有一個磚塊而已。

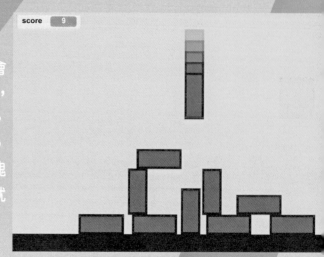

1. 沒有貓

按一下 **X** 來刪除小貓角色。

2. 選擇背景

在角色區中按一下 **舞台** 圖示(畫面右下角)。

按一下 **背景** 標籤(畫面左上角)。

翻到第 16 頁來看看如何設定顏色。

3. 開始畫畫

按一下 **轉換為點陣圖** 按鈕。

選擇 **填滿** 工具。

按一下 **填滿** 下拉式選單,選一個你喜歡的淺藍色。

對繪畫區上色。

4. 畫出地板

 選擇 **方形** 工具。

 選一個你喜歡 的紅色。

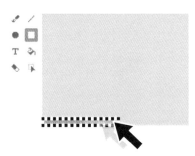

用滑鼠在繪圖區最下面畫出一個又薄又寬的方形。

5. 畫一個新的角色

 把滑鼠放在 **選個角色** 按鈕。

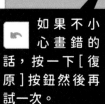

找到 **繪畫** 選項，接著按下它。

如果不小心畫錯的話，按一下［復原］按鈕然後再試一次。

6. 畫一個磚塊

 按一下 **轉換為點陣圖** 按鈕。

 選擇 **方形** 工具。

 填滿 選一個你喜歡 的紅色。

在畫布中間畫一個紅色小方形。

請確認磚塊周圍都有紅色的邊邊。這讓程式能夠去檢查磚塊有沒有發生碰撞。

 填滿 選一個你喜歡 的橘色。

現在在紅色方形中再畫一個橘色的方形。

現在背景與角色都完工了，
該是寫點程式的時候啦！

7. 開始寫程式

按一下畫面左上角的
程式 標籤。

8. 建立一個變數

選擇 **變數**。　　按一下
　　　　　　　建立一個變數 按鈕。

輸入
score。

按一下
確定。

擴展是一組額外的程式積木。這些積
木可以做到某些特殊的功能，例如畫
畫、發出音效或與機器人連線。

9. 加入畫筆擴展

按一下 **添加擴展** 按
鈕（畫面左下角）。

按一下 **畫筆** 這個擴展。

把以下程式加入程式區中：

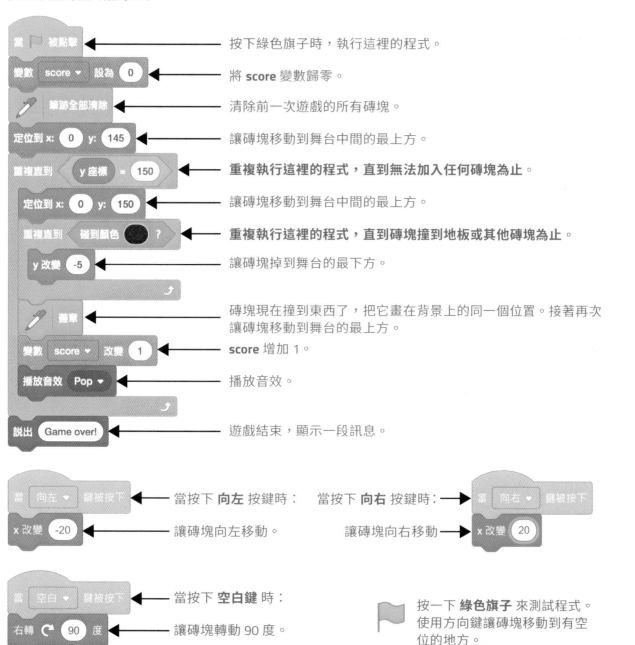

當 ▶ 被點擊 ◀ ——————— 按下綠色旗子時，執行這裡的程式。

變數 score ▼ 設為 0 ◀ ——————— 將 **score** 變數歸零。

🖊 筆跡全部清除 ◀ ——————— 清除前一次遊戲的所有磚塊。

定位到 x: 0 y: 145 ◀ ——————— 讓磚塊移動到舞台中間的最上方。

重複直到 y 座標 = 150 ◀ ——————— **重複執行這裡的程式，直到無法加入任何磚塊為止。**

定位到 x: 0 y: 150 ◀ ——————— 讓磚塊移動到舞台中間的最上方。

重複直到 碰到顏色 ● ? ◀ ——————— **重複執行這裡的程式，直到磚塊撞到地板或其他磚塊為止。**

y 改變 -5 ◀ ——————— 讓磚塊掉到舞台的最下方。

🖊 蓋章 ◀ ——————— 磚塊現在撞到東西了，把它畫在背景上的同一個位置。接著再次讓磚塊移動到舞台的最上方。

變數 score ▼ 改變 1 ◀ ——————— **score** 增加 1。

播放音效 Pop ▼ ◀ ——————— 播放音效。

說出 Game over! ◀ ——————— 遊戲結束，顯示一段訊息。

當 向左 ▼ 鍵被按下 ◀ ——— 當按下 **向左** 按鍵時：　　當按下 **向右** 按鍵時：——▶ 當 向右 ▼ 鍵被按下

x 改變 -20 ◀ ——————— 讓磚塊向左移動。　　讓磚塊向右移動 ——▶ x 改變 20

當 空白 ▼ 鍵被按下 ◀ ——— 當按下 **空白鍵** 時：

右轉 ↻ 90 度 ◀ ——————— 讓磚塊轉動 90 度。

🚩 按一下 **綠色旗子** 來測試程式。使用方向鍵讓磚塊移動到有空位的地方。

雖然這個遊戲只有一個角色，畫筆 擴展程式能讓你在遊戲執行過程中不斷重複使用它。透過 [蓋章] 指令，磚塊會停在當下的位置並變成背景的一部分。準備好接受挑戰的話，翻到第 57 頁來完成 [隨機磚塊疊疊樂] 挑戰！

彩色牆

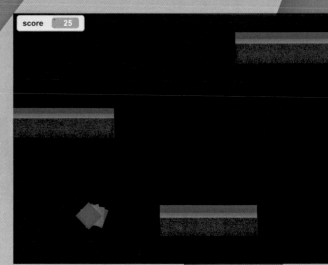

非常多遊戲都使用各種顏色的簡易形狀來呈現各種圖形。在這類遊戲中,玩家需要通過一系列不同顏色的障礙物才能抵達目標。在本遊戲中,你會運用複製積木來產生會朝著玩家慢慢逼近的牆。如果想慢慢提高遊戲難度的話,你可以在每次加入新的牆時把牆變大一點。你也可以隨著新出現的牆來提高音效的音高,增加緊張感!

1. 沒有貓

按一下角色圖示角落的 **X** 來刪除小貓角色。

2. 選擇背景

在角色區中按一下**舞台** 圖示(位於右下角)。

按一下畫面左上角的 **背景** 標籤。

翻到第 16 頁來看看如何設定顏色。

3. 畫出黑色背景

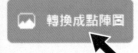

按一下 **轉換為點陣圖** 按鈕。

選擇 **填滿** 工具。

按一下 **顏色** 下拉式選單,選擇黑色。

用這個黑色填滿繪畫區。

4. 加入牆壁角色

 把滑鼠放在 **選個角色** 按鈕。

按一下 **繪畫** 選項。

5. 畫出牆壁

按一下 **轉換為點陣圖** 按鈕。

選擇 **方形** 工具。

選一個你喜歡 的紅色。

畫一個薄薄的 方形，寬度大 約是繪畫區的 四分之一。請 把它擺在繪畫 區中間。

6. 建立一個變數

選擇 **變數**。

按一下 **建立一個變數** 按鈕。

輸入 **score**。

按一下 **確定**。

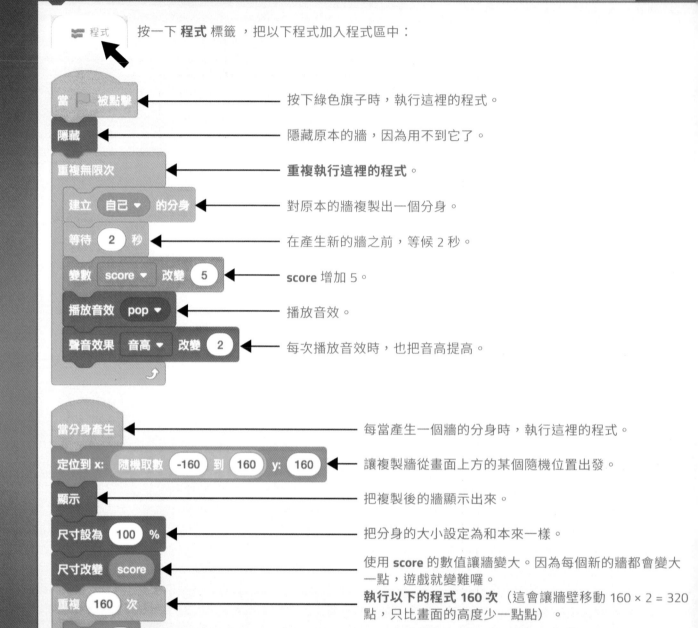

程式   按一下 **程式** 標籤，把以下程式加入程式區中：

當 ⚑ 被點擊 ← ─────── 按下綠色旗子時，執行這裡的程式。

隱藏 ← ─────── 隱藏原本的牆，因為用不到它了。

重複無限次 ← ─────── **重複執行這裡的程式。**

建立 自己 ▾ 的分身 ← ─────── 對原本的牆複製出一個分身。

等待 2 秒 ← ─────── 在產生新的牆之前，等候 2 秒。

變數 score ▾ 改變 5 ← ─────── **score** 增加 5。

播放音效 pop ▾ ← ─────── 播放音效。

聲音效果 音高 ▾ 改變 2 ← ─────── 每次播放音效時，也把音高提高。

當分身產生 ← ─────── 每當產生一個牆的分身時，執行這裡的程式。

定位到 x: 隨機取數 -160 到 160 y: 160 ← ─────── 讓複製牆從畫面上方的某個隨機位置出發。

顯示 ← ─────── 把複製後的牆顯示出來。

尺寸設為 100 % ← ─────── 把分身的大小設定為和本來一樣。

尺寸改變 score ← ─────── 使用 **score** 的數值讓牆變大。因為每個新的牆都會變大一點，遊戲就變難囉。

重複 160 次 ← ─────── **執行以下的程式 160 次**（這會讓牆壁移動 160 × 2 = 320 點，只比畫面的高度少一點點）。

y 改變 -2 ← ─────── 向下移動 2 點（負數會讓它向下移動）。

分身刪除 ← ─────── 刪除分身，因為它已經碰到畫面的最下方了。

⚑ 按一下 **綠色旗子** 來測試到目前為止的程式。應該會有許多紅色方形從畫面的最上方慢慢往下移動。每個方形都會比前一個稍微大一點點。現在來加入玩家角色吧。

8. 加入玩家角色

把滑鼠放在 **選個角色** 按鈕。

選擇 **繪畫** 選項。

9. 畫出玩家

 按一下 **轉換為點陣圖** 按鈕。

 選擇 **方形** 工具。

 選一個你喜歡的藍色。

在中間畫一個很小的方形。

10. 寫程式

按一下 **程式** 標籤，把以下程式加入程式區中：

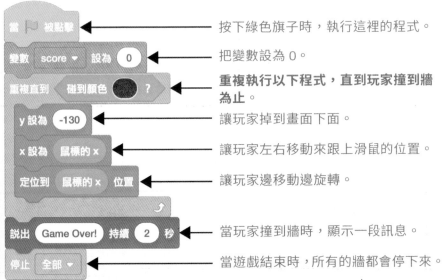

按下綠色旗子時，執行這裡的程式。

把變數設為 0。

重複執行以下程式，直到玩家撞到牆為止。

讓玩家掉到畫面下面。

讓玩家左右移動來跟上滑鼠的位置。

讓玩家邊移動邊旋轉。

當玩家撞到牆時，顯示一段訊息。

當遊戲結束時，所有的牆都會停下來。

按一下 **綠色旗子** 來玩遊戲吧。你得了多少分呢？

這個遊戲運用了角色的分身來移動畫面上的多個物體。玩家會跟著滑鼠的 x 坐標來移動。每通過一道牆就會加 5 分。score 變數是用來設定下一道牆的大小。與增加 1 比較起來，增加 5 會讓大小的變化更明顯。使用相同的概念來完成第 57 頁的 [第二代彩色牆] 遊戲吧。

55

第 3 章
挑戰題

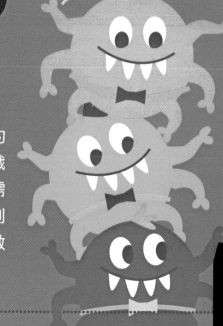

本章介紹了變數，它可說是遊戲如何運作的關鍵。你學會了如何使用計時器來限制遊戲的執行時間，來加入比賽的競爭感。這裡需要用到各種偵測積木來檢查角色有沒有碰到其他東西，並透過修改 score 變數來讓分數增加上去。

> 你已經完成這一章的所有程式了，試試看以下的挑戰吧。

挑戰 1　越野滑雪

做一個左右捲軸版本的 [企鵝滑雪學校] 遊戲吧。回頭看看第 36 頁的程式應該有幫助。讓樹從舞台的右側出發，讓它們的 x 數值減去 5 來橫向移動。你需要透過不同鍵盤按鍵來改變企鵝的 y 數值，這樣才能控制牠上下移動。

挑戰 2　恐龍城市

使用第 40 頁 [鯊魚與潛水員] 遊戲的概念來設計一款新遊戲。這次要讓玩家開著直升機把民眾從飛舞的翼龍手中救出來。所以現在的玩家不是潛水員，畫一台直升機作為玩家，然後加入類似的程式讓它飛起來。另外也要把鯊魚換成翼龍，程式也和鯊魚差不多。最後要用人物來取代寶藏角色，當然也要寫程式囉。

挑戰 3 接好！神秘箱

在第 44 頁的 [接水果] 遊戲中，你學會了如何設計一款簡單的接東西遊戲，有許多不同的水果會從畫面上方掉下來。使用相同的做法自己做一款遊戲吧。先選背景，再選個角色就可以開始了？什麼東西會掉下來？接到一個東西又會得幾分呢？加入更多造型讓掉下來的東西更難預測。記得參考 [接水果] 的程式。

挑戰 4 隨機磚塊疊疊樂

改造一下 [磚塊疊疊樂] 遊戲。加入更多造型來做出各種不同形狀與顏色的不同的磚塊。這個遊戲的關鍵在於如何畫出正確的圖形。加入程式來隨機改變造型 （參考第 44 頁的 [接水果] 遊戲程式）。還有哪些讓遊戲變得更棒的方法呢？

挑戰 5 第二代彩色牆

試試看設計新一代的 [彩色牆] 遊戲，有辦法讓積木穿過畫面嗎？可以參考第 52 頁遊戲中的想法。這裡會用到許多與坐標 x、y 值相關的程式積木。加入更多造型，然後在迴圈一開始的時候改變它們的顏色，做法和 [接水果] 一樣。背景的顏色與不同顏色方形的邊緣顏色也可以調整，讓測試遊戲結束變得更簡單。

數學很重要

當程式愈來愈複雜時，就需要用到數學了。只要在遊戲中加入一點數學，就能做到漸漸變快變慢或改變音效的音高。別擔心，我們會一步步來做！

請拉動積木的左側來組合積木，在可以放入其他積木的周圍會出現白色框框。

數學符號

包含 Scratch 在內的所有程式語言，使用了特殊的符號來代表乘法與除法：

5 * 5 意思是 $5 \times 5 = 25$　　8 / 2 意思是 $8 \div 2 = 4$

組合較長的算式

你可以使用數學來產生特殊的音效。等一下在 [機器人啟動] 遊戲中，你會組合許多算式，讓機器人上下移動時還能改變音效的音高。

與其總是播放同一個音符，我們讓音符數值每次都會以 0.1 乘以角色的 y 坐標再加上 100 來變化。

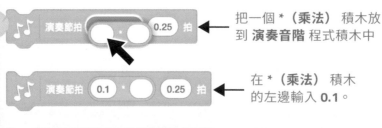

演奏節拍 ( ) * ( ) 0.25 拍　　→　把一個 *（乘法）積木放到 演奏音階 程式積木中

演奏節拍 0.1 * ( ) 0.25 拍　　→　在 *（乘法）積木的左邊輸入 0.1。

演奏節拍 0.1 * ( ) 拍　　→　把一個 addition 積木放到 *（乘法）積木的右邊。

演奏節拍 0.1 * (y 座標) 0.25 拍　　→　把一個 y position 積木放到 +（加法）積木的右邊。

演奏節拍 0.1 * (y 座標 + 100) 0.25 拍　　→　在 +（加法）積木的右邊輸入 100。

如果算式的運算積木裡面還有運算積木的話，Scratch 會先計算最裡面的積木，如同數學的括號一樣。

運用數學讓遊戲難度更高

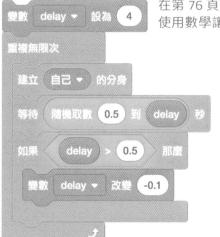

在第 76 頁的 [甜甜圈侵略者] 遊戲中，你會使用數學讓遊戲逐漸變難。

你會使用 **delay** 變數在複製出新的甜甜圈之間暫停一下。

delay 變數每次會減少 0.1 （改變 -0.1），直到它變成 0.5 為止。

你也會用到 **隨機取數** 積木在遊戲中加入隨機的概念。這裡等候的時間不再使用 **delay** 變數值，程式會等候一個介於 0.5 與變數值之間的隨機數。這會讓甜甜圈一開始的移動速度較快，移動次數也會稍微不同。

> 你在遊戲中存活得愈久，甜甜圈出現的速度就愈快！

> 噢！我被甜甜圈撞到啦！

> 謝謝你跟我說。

訊息廣播

你在本章會學會一種讓角色彼此溝通的新方法。當你有很多角色又要做很多事情時，這招超級好用。而且不需要算數學喔！

把一個 **廣播訊息** 積木加入程式區中。

按一下 **新的訊息**。

輸入想要與其他角色分享的訊息，接著按一下 **確定**。

複製

你已經知道如何使用 **複製** 選項來產生角色的分身。但更好的方法就是透過程式來做。請用 **建立自己的分身** 積木來複製角色：

> 恩~我超愛甜甜圈。你可以多做幾個出來嗎？

決定要產生多少個複製角色。

複製角色。

現在使用 **當分身產生** 積木，讓各個分身做點事情吧：

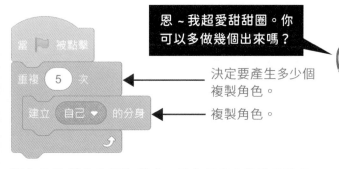

讓各個分身移動到舞台上的隨機位置。

重複執行這裡的程式。

讓複製向前移動 2 點。

> 這些甜甜圈是分身嗎？

超級蛇

這是一款非常經典的電腦遊戲，名叫貪食蛇。玩家要控制這條蛇在畫面上移動，而且不可以碰到自己的身體。當蛇慢慢變長之後，遊戲也會愈來愈難。你需要運用一種叫做「分身」的程式技巧來讓蛇變長。分身有點像是運用程式積木來複製一個角色，並在其他的地方貼上它。

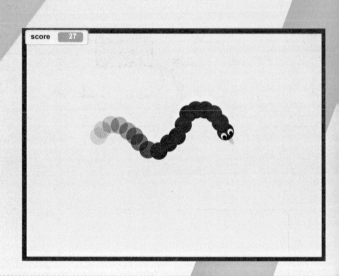

1. 沒有貓

按一下角色角落的 **X** 來刪除小貓角色。

2. 選擇背景

在角色區中按一下 **舞台** 圖示（畫面右下角）。

按一下 **背景** 標籤（畫面左上角）。

翻到第 16 頁來看看如何設定顏色。

3. 畫出背景與邊界

按一下 **轉換為點陣圖** 按鈕。

選擇 **填滿** 工具。

按一下 **填滿** 下拉式選單，選一個你喜歡的紅色。

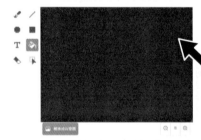

填滿整個繪圖區。

選擇 **方形** 工具。

選擇黃色。

使用滑鼠畫出一個黃色的大 **方形**，請在最外面留下薄薄的紅色邊界。

邊界的顏色一定要和蛇一樣才行。你會運用它來檢查有沒有發生碰撞。

4. 加入蛇角色

把滑鼠移到 **選個角色** 按鈕的上方。

找到 繪畫 選項 並按一下。

如果不小心畫錯的 話，按一下[復原] 按鈕然後再試一次。

5. 畫出蛇的身體

 按一下 **轉換為點陣圖** 按鈕。

 選擇 **圓形** 工具。

 選一個你喜歡 的紅色。

 畫一個大大的紅 色圓形作為一段 蛇的身體（等等 會縮小它）。

你需要為這條蛇畫兩個 造型。這個是蛇的身體， 把它的名字改為 **body**。

6. 複製 BODY 造型

在角色清單中，對 **body** 圖示按一下 滑鼠右鍵。按一下 **複製** 來建立一個 分身。

應該會出現一 個叫做 **body2** 的新造型。

把這個新造型取名為 **head**。

7. 畫出眼睛

 使用 **圓形** 工具畫出兩 顆眼睛。

8. 畫出蛇頭

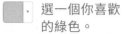 選擇 **筆刷** 工具。

選一個你喜歡 的綠色。

畫出舌頭。蛇頭與 舌頭之間要留一點 點空間。

如果沒有留空間的話， 蛇在遊戲一開始就會馬 上碰到紅色了！這會讓 遊戲結束。

61

9. 開始寫程式

按一下畫面左上角的 **程式** 標籤。

10. 建立一個變數

按下 **變數** 按鈕。

建立一個變數

按下 **建立一個變數** 按鈕。

輸入 **score**。

按一下 **確定**。

11. 加入小蛇頭部的程式

把以下程式加入程式區中：

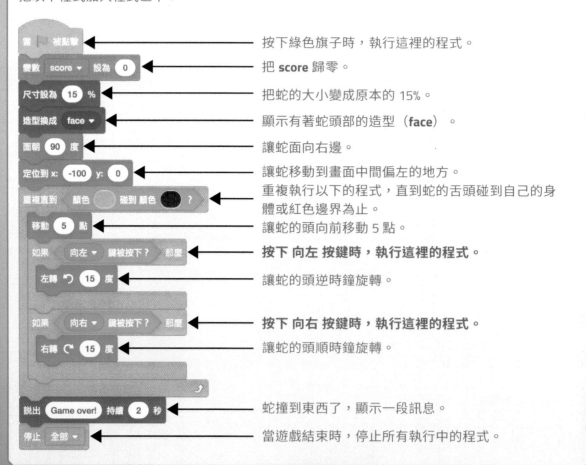

按下綠色旗子時，執行這裡的程式。

把 **score** 歸零。

把蛇的大小變成原本的 15%。

顯示有著蛇頭部的造型（**face**）。

讓蛇面向右邊。

讓蛇移動到畫面中間偏左的地方。

重複執行以下的程式，直到蛇的舌頭碰到自己的身體或紅色邊界為止。

讓蛇的頭向前移動 5 點。

按下 向左 按鍵時，執行這裡的程式。

讓蛇的頭逆時鐘旋轉。

按下 向右 按鍵時，執行這裡的程式。

讓蛇的頭順時鐘旋轉。

蛇撞到東西了，顯示一段訊息。

當遊戲結束時，停止所有執行中的程式。

加入這兩段程式來控制蛇身體:

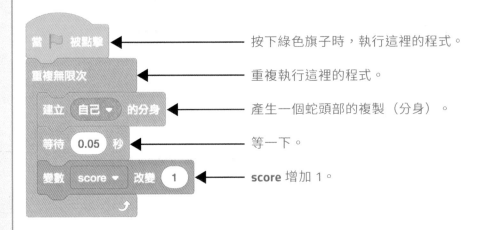

按下綠色旗子時,執行這裡的程式。

重複執行這裡的程式。

產生一個蛇頭部的複製(分身)。

等一下。

score 增加 1。

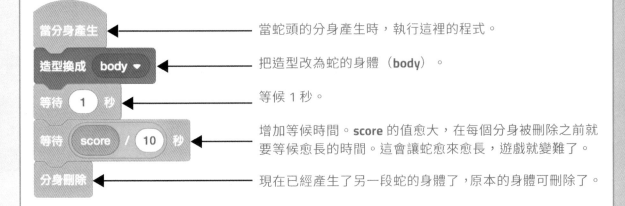

當蛇頭的分身產生時,執行這裡的程式。

把造型改為蛇的身體(**body**)。

等候 1 秒。

增加等候時間。**score** 的值愈大,在每個分身被刪除之前就要等候愈長的時間。這會讓蛇愈來愈長,遊戲就變難了。

現在已經產生了另一段蛇的身體了,原本的身體可刪除了。

 按一下 **綠色旗子** 來測試程式。使用鍵盤的 **向左** 與 **向右** 按鍵來控制蛇在畫面上移動。別撞到東西啦!

透過複製再刪除蛇的一段身體,就能讓蛇看起來好像真的在動。為了蛇可以慢慢變長,你需要修改每個分身被刪除之前所等候的時間。準備好接受挑戰了嗎?請翻到第 82 頁做出你專屬的貪食蛇遊戲吧。

仙人掌跳跳

本專題是一個橫向捲軸遊戲。畫面上會有許許多多的仙人掌朝著小貓而來。按下空白鍵讓小貓跳過仙人掌。你需要運用複製功能來產生多個仙人掌。並且為了讓小貓跳起來，就需要用一個變數來保存小貓跳躍的速度，這樣可以做到更刺激也更逼真的跳躍效果。

1. 建立 SCORE 變數

按一下
變數。

按一下
建立一個變數。

輸入 **score**。　按一下 **確定**。

2. 加入另一個變數

再按一下
建立一個變數。

輸入 **speed**。　按一下 **確定**。

3. 加入小貓程式

將以下程式加入程式區中，讓小貓看起來更像是原地跑步：

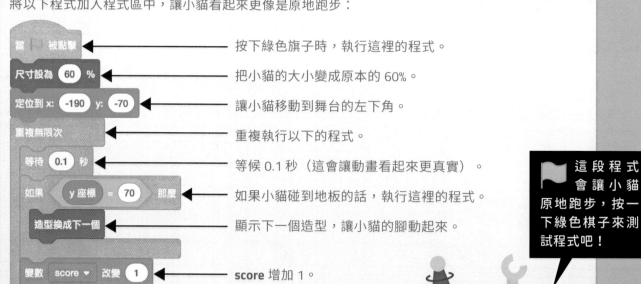

按下綠色旗子時，執行這裡的程式。

把小貓的大小變成原本的 60%。

讓小貓移動到舞台的左下角。

重複執行以下的程式。

等候 0.1 秒（這會讓動畫看起來更真實）。

如果小貓碰到地板的話，執行這裡的程式。

顯示下一個造型，讓小貓的腳動起來。

score 增加 1。

> 🚩 這段程式會讓小貓原地跑步，按一下綠色棋子來測試程式吧！

4. 匯入音效

 按一下 **音效** 標籤（左上角）。

 按一下 **選個音效** 按鈕。

 在所有音效中找到 **Boing** 圖示。按一下來匯入這個音效。

5. 小貓跳起來

按一下 **程式** 標籤，加入以下程式讓小貓跳起來：

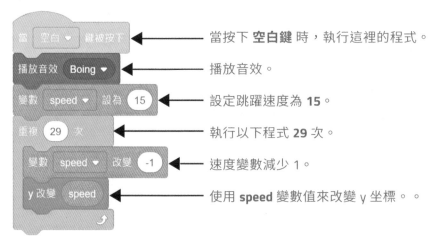

當按下 **空白鍵** 時，執行這裡的程式。

播放音效。

設定跳躍速度為 **15**。

執行以下程式 **29** 次。

速度變數減少 1。

使用 **speed** 變數值來改變 y 坐標。。

speed 變數是用來保存小貓跳躍的速度。跳躍速度一開始的數值為 *15*，有點快。接著會使用迴圈來讓速度慢慢降低到 *0*，這時小貓會在半空中停留一下下。當速度變成負數而且愈來愈小的時候，小貓就會開始掉下來，而且愈來愈快。

按一下 **綠色旗子** 來測試程式。
按下鍵盤空白鍵，看看小貓在天空中跳躍吧！

6. 選擇背景

 按一下 **背景** 標籤（畫面左上角）。

 按一下畫面右下角的 **舞台** 圖示。

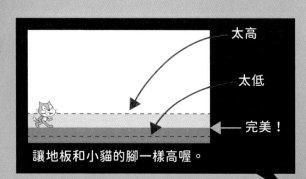

太高

太低

完美！

讓地板和小貓的腳一樣高喔。

7. 畫出地板

 按一下 **轉換為點陣圖** 按鈕。

 選擇 **方形** 工具。

  選擇一個你喜歡的綠色。

在畫面下方畫一個寬寬的薄**方形**作為地板。

選擇 **填滿** 工具。

選擇 **填滿向下 漸層**。

把左邊設定為你 喜歡的淺藍色。

把右邊設定為 白色。

按一下,用 所選擇的漸 層顏色來填 滿整個天空。

按一下 **選個角色** 按鈕。

在所有角色中找到並 選擇 **Cloud**。

將以下程式加入程式區中,讓雲朵慢慢飄過舞台:

按下綠色旗子時,執行這裡的程式。

重複執行這裡的程式。

讓雲朵移動到舞台的右上角。

重複執行這裡的程式 480 次來涵蓋整個舞台 的寬度。

讓雲朵向左移動。

 按一下 **綠色旗子** 來測試程式。

把滑鼠放在 **選個角色** 按鈕上。

找到 **繪畫** 選項,按一下。

匯入一個叫做 **Bonk** 的音效(參考步驟 4)。

按一下 **造型** 標 籤。按一下 **轉換 為點陣圖** 按鈕。

選擇 **筆刷** 工具。

輸入 **30** 讓筆刷粗 一點。

再讓筆刷細一 點,最後加一 點細節。

第一段程式是用來產生多個仙人掌的分身。按一下 程式 標籤，把以下程式加入程式區中：

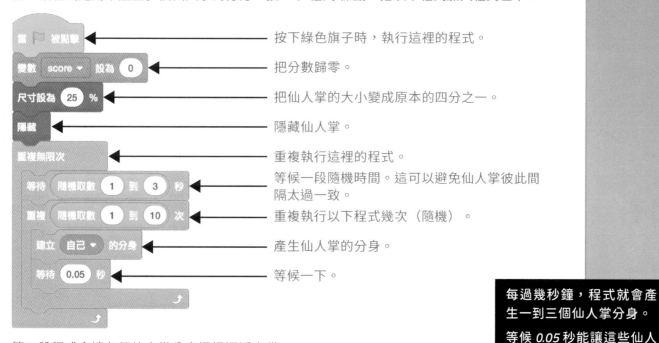

當 🏳 被點擊 ◄———— 按下綠色旗子時，執行這裡的程式。

變數 score ▾ 設為 0 ◄———— 把分數歸零。

尺寸設為 25 % ◄———— 把仙人掌的大小變成原本的四分之一。

隱藏 ◄———— 隱藏仙人掌。

重複無限次 ◄———— 重複執行這裡的程式。

等待 隨機取數 1 到 3 秒 ◄———— 等候一段隨機時間。這可以避免仙人掌彼此間隔太過一致。

重複 隨機取數 1 到 10 次 ◄———— 重複執行以下程式幾次（隨機）。

建立 自己 ▾ 的分身 ◄———— 產生仙人掌的分身。

等待 0.05 秒 ◄———— 等候一下。

> 每過幾秒鐘，程式就會產生一到三個仙人掌分身。
>
> 等候 0.05 秒能讓這些仙人掌不會彼此靠得太近。

第二段程式會讓各個仙人掌分身慢慢逼近小貓：

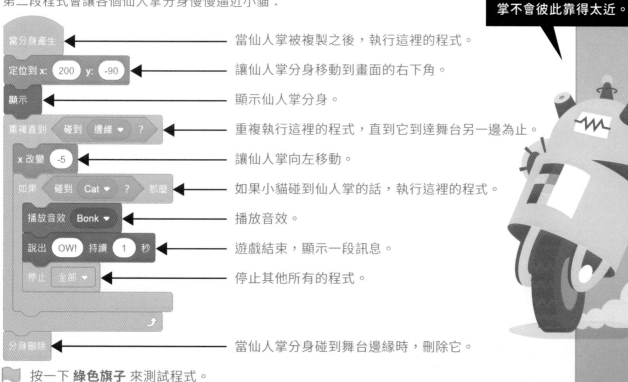

當分身產生 ◄———— 當仙人掌被複製之後，執行這裡的程式。

定位到 x: 200 y: -90 ◄———— 讓仙人掌分身移動到畫面的右下角。

顯示 ◄———— 顯示仙人掌分身。

重複直到 碰到 邊緣 ▾ ？ ◄———— 重複執行這裡的程式，直到它到達舞台另一邊為止。

x 改變 -5 ◄———— 讓仙人掌向左移動。

如果 碰到 Cat ▾ ？ 那麼 ◄———— 如果小貓碰到仙人掌的話，執行這裡的程式。

播放音效 Bonk ▾ ◄———— 播放音效。

說出 OW! 持續 1 秒 ◄———— 遊戲結束，顯示一段訊息。

停止 全部 ▾ ◄———— 停止其他所有的程式。

分身刪除 ◄———— 當仙人掌分身碰到舞台邊緣時，刪除它。

🏳 按一下 **綠色旗子** 來測試程式。

你的第一個捲軸遊戲完成了！準備好接受挑戰了嗎？
翻到第 82 頁來完成 [霸王龍跳跳]。

高塔建築師

在本遊戲中，玩家要竭盡所能蓋出一座最直又最高的高塔。高塔的每一層都會在畫面中來回移動。按下空白鍵會讓這個樓層往下掉，直到碰到塔的其他部分為止。當塔達到某個高度的時候，玩家就要在最上面放一個屋頂。雖然大部分的程式都相當容易，但要計算玩家把每一層放得多準時，就會用到複雜一點的數學。把樓層放得愈準，就能得到愈高的分數。

1. 沒有貓！

先刪除小貓角色。

2. 城市晚上背景

按一下 選個背景 按鈕。

找到 **Night City with Street**，按一下把它設為背景。

3. 加入玩家角色

把滑鼠放在 **選個角色** 按鈕上。

找到 **繪畫** 選項，按一下。

4. 畫出高塔的地板

按一下 **轉換為點陣圖** 按鈕。

選擇 **方形** 工具。

選擇紅色。

在中間畫一個紅色方形。它的寬度大約是繪畫區的一半。

先按一下紅色方形,再選擇一個你喜歡的淺灰色。

畫一個窗戶。

選擇黑色。

選擇 **線條** 工具,選擇一個你喜歡的粗細。

加入窗戶的細節。

5. 複製窗戶

按一下 **選取** 工具。

移動滑鼠,用虛線包住窗戶把它選起來。

窗戶周圍應該會出現藍色的線條。

按一下 **複製** 按鈕。

按一下 **貼上**。

這時應該會複製出另一個窗戶,把新的窗戶放在第一個的旁邊。

6. 繼續貼上更多窗戶

按一下 **貼上**。

把新的窗戶拉到適合的地方。

貼上更多窗戶,直到把整層樓填滿為止。

複製 與 **貼上** 是幫你的角色產生許多小部分的好方法,能讓你的遊戲看起來更專業。

幫高塔的最頂端設計一個新的造型，使它與眾不同。先幫現在的造型取個名字吧。

7. 幫造型取名字

輸入 **Floor** 做為第一個造型的名字。幫造型取一個好名字吧，這樣有助於管理程式。

8. 複製整層樓

在角色清單中對 **Floor** 圖示按一下滑鼠右鍵。按一下**複製**來產生另一個地板。

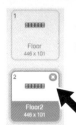

會出現一個新的造型。

把這個新造型重新命名為 **Roof**。

9. 畫出屋頂

選擇 **線條** 工具。

畫兩條線作為高塔最頂端的輪廓。

選擇 **填滿** 工具。

按一下來填滿屋頂。

10. 產生 SCORE 變數

按一下 **程式** 標籤。

按一下 **變數** 按鈕。

按一下 **建立一個變數**。

輸入 **score**。

按一下 **確定**。

11. 產生另一個變數

按一下 **建立一個變數**。

輸入 **tower x**。

按一下 **確定**。

12. 匯入音效

按一下 **音效** 標籤（左上角）。

按一下 **選個音效** 按鈕。

在所有音效中找到 **Dance Celebrate** 圖示。按一下來匯入這個音效。

將以下程式加入程式區中：

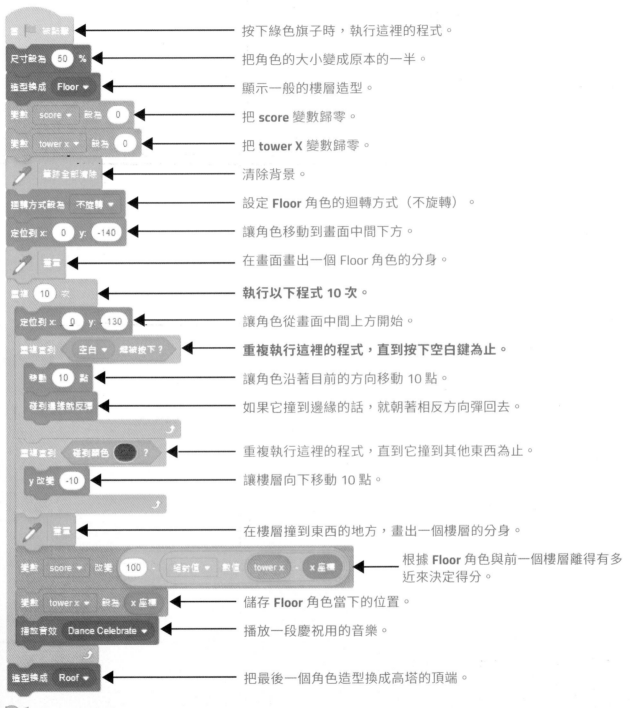

按下綠色旗子時，執行這裡的程式。

把角色的大小變成原本的一半。

顯示一般的樓層造型。

把 **score** 變數歸零。

把 **tower X** 變數歸零。

清除背景。

設定 **Floor** 角色的迴轉方式（不旋轉）。

讓角色移動到畫面中間下方。

在畫面畫出一個 Floor 角色的分身。

執行以下程式 10 次。

讓角色從畫面中間上方開始。

重複執行這裡的程式，直到按下空白鍵為止。

讓角色沿著目前的方向移動 10 點。

如果它撞到邊緣的話，就朝著相反方向彈回去。

重複執行這裡的程式，直到它撞到其他東西為止。

讓樓層向下移動 10 點。

在樓層撞到東西的地方，畫出一個樓層的分身。

根據 Floor 角色與前一個樓層離得有多近來決定得分。

儲存 Floor 角色當下的位置。

播放一段慶祝用的音樂。

把最後一個角色造型換成高塔的頂端。

按一下 **綠色旗子** 開始玩遊戲。

準備好接受更高難度的挑戰了嗎？翻到第 83 頁來完成 [超級高塔] 遊戲。

機器人啟動

在本遊戲中，你要寫程式讓一台機器人進行太空漫遊。這款遊戲的目標是用空白鍵來控制機器人，並且收集愈多燃料罐愈好！這裡要用到分身來產生多個可收集的目標，以及運用計時器讓遊戲在 30 秒之後結束。還會用到數學指令讓背景音效在機器人上下移動時也跟著變化。

1. 沒有貓！

小貓在太空中無法生存。刪除它。

2. 太空城市背景

按一下 **選個背景** 按鈕。

找到 **Space City 2**，按一下把它設定為背景。

3. 加入機器人角色

按一下 **選個角色** 按鈕。

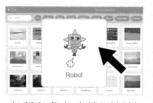

在所有角色中找到並按一下 **Robot**。

4. 加入擴展

按一下 **添加擴展** 按鈕（畫面左下角）。

按一下 **音樂** 這個擴展。

音樂擴展中的程式積木可以產生與控制各種音效。

5. 建立一個變數

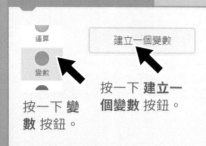

按一下 **變數** 按鈕。

按一下 **建立一個變數** 按鈕。

輸入 **score**。

按一下 **確定**。

6. 顯示計時器

按一下 **偵測** 指令區。

找到 **計時器** 程式積木，並把它的勾選框勾起來。

計時器可以顯示程式已經執行了多久。

將以下程式加入程式區來控制機器人：

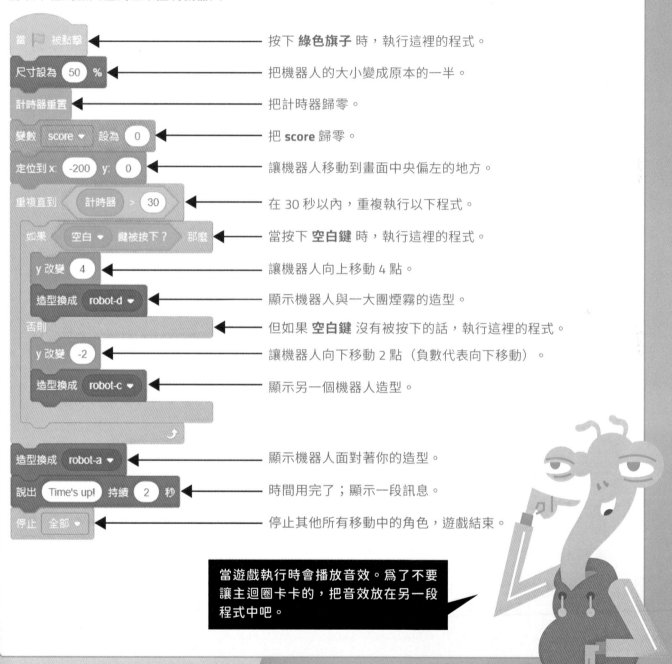

按下 **綠色旗子** 時，執行這裡的程式。

把機器人的大小變成原本的一半。

把計時器歸零。

把 **score** 歸零。

讓機器人移動到畫面中央偏左的地方。

在 30 秒以內，重複執行以下程式。

當按下 **空白鍵** 時，執行這裡的程式。

讓機器人向上移動 4 點。

顯示機器人與一大團煙霧的造型。

但如果 **空白鍵** 沒有被按下的話，執行這裡的程式。

讓機器人向下移動 2 點（負數代表向下移動）。

顯示另一個機器人造型。

顯示機器人面對著你的造型。

時間用完了；顯示一段訊息。

停止其他所有移動中的角色，遊戲結束。

當遊戲執行時會播放音效。爲了不要讓主迴圈卡卡的，把音效放在另一段程式中吧。

8. 發出噪音

將以下程加入程式區中。

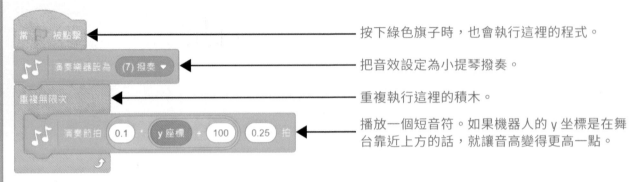

當 ▶ 被點擊 ◀————————————— 按下綠色旗子時，也會執行這裡的程式。

演奏樂器設為 (7) 撥奏 ▼ ◀————————————— 把音效設定為小提琴撥奏。

重複無限次 ◀————————————— 重複執行這裡的積木。

演奏節拍 0.1 * y座標 + 100 0.25 拍 ◀————————————— 播放一個短音符。如果機器人的 y 坐標是在舞台靠近上方的話，就讓音高變得更高一點。

🚩 按一下 **綠色旗子** 來測試 程式。機器人會慢慢向下移動。按下 **空白鍵** 會讓它向上跑。
當機器人移動時，你會聽到音效的音高也隨之改變。

9. 加入燃料罐角色

按一下
選個角色 按鈕。

在所有角色中找到並
按一下 **Button 2**。

Button2

10. 產生燃料罐分身的程式

把以下程式加入程式區中來控制燃料罐：

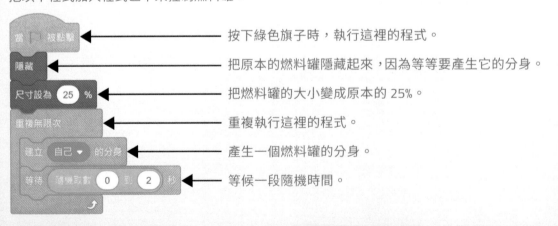

當 ▶ 被點擊 ◀————————————— 按下綠色旗子時，執行這裡的程式。

隱藏 ◀————————————— 把原本的燃料罐隱藏起來，因為等等要產生它的分身。

尺寸設為 25 % ◀————————————— 把燃料罐的大小變成原本的 25%。

重複無限次 ◀————————————— 重複執行這裡的程式。

建立 自己 ▼ 的分身 ◀————————————— 產生一個燃料罐的分身。

等待 隨機取數 0 到 2 秒 ◀————————————— 等候一段隨機時間。

加入以下程式，決定分身被建立時要做的事情：

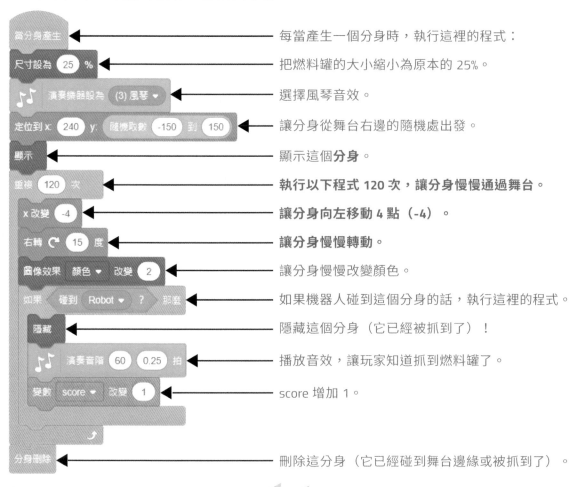

當分身產生 ◄——————————————— 每當產生一個分身時，執行這裡的程式：

尺寸設為 25 % ◄——————————————— 把燃料罐的大小縮小為原本的 25%。

演奏樂器設為 (3) 風琴 ◄——————————————— 選擇風琴音效。

定位到 x 240 y 隨機取數 -150 到 150 ◄——————————————— 讓分身從舞台右邊的隨機處出發。

顯示 ◄——————————————— 顯示這個**分身**。

重複 120 次 ◄——————————————— **執行以下程式 120 次，讓分身慢慢通過舞台。**

x 改變 -4 ◄——————————————— **讓分身向左移動 4 點（-4）。**

右轉 15 度 ◄——————————————— **讓分身慢慢轉動。**

圖像效果 顏色 改變 2 ◄——————————————— 讓分身慢慢改變顏色。

如果 碰到 Robot ? 那麼 ◄——————————————— 如果機器人碰到這個分身的話，執行這裡的程式。

隱藏 ◄——————————————— 隱藏這個分身（它已經被抓到了）！

演奏音階 60 0.25 拍 ◄——————————————— 播放音效，讓玩家知道抓到燃料罐了。

變數 score 改變 1 ◄——————————————— score 增加 1。

分身刪除 ◄——————————————— 刪除這分身（它已經碰到舞台邊緣或被抓到了）。

🚩 按一下 **綠色旗子** 來測試程式！

本遊戲的技巧你都已經運用過了。計時器可以檢查遊戲已經執行了多久。你運用了機器人的位置來決定音效的音高。準備好接受挑戰的話，翻到第 83 頁使用這些想法來自己做一個收集遊戲吧。

甜甜圈侵略者

太空船遭受到來自甜甜圈的攻擊！透過向左或向右旋轉，你可以瞄準各個甜甜圈。在甜甜圈撞到太空船之前把它們打下來吧。你需要把每個甜甜圈複製起來，這樣同時可以顯示出多個。還會用到顏色改變效果，讓甜甜圈在朝向太空船移動時還會不斷閃動。還會用到變數來保存遊戲得分與玩家有幾條命。每次當甜甜圈撞到太空船時，玩家就會少一條命。

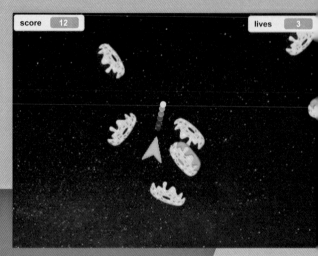

1. 沒有貓！

貓不能吃甜甜圈。刪除小貓角色。

2. 星空背景

按一下 **選個背景** 按鈕。

找到 **Stars**，按一下把它設定為背景。

3. 加入擴展

按一下 **添加擴展** 按鈕。

按一下 **音樂** 這個擴展。

4. 建立 SCORE 變數

按一下 **變數** 按鈕。

按一下 **建立一個變數** 按鈕。

輸入 **score**。

按一下 **確定**。

5. 建立另一個變數

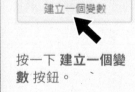

按一下 **建立一個變數** 按鈕。

輸入 **lives**。

按一下 **確定**。

6. 再一個變數

按一下 **建立一個變數** 按鈕。

輸入 **delay**。

按一下 **確定**。

delay 變數可以決定新的甜甜圈出現在畫面上的速度。如果想看看它是如何變動的話，就再勾選它吧！

玩家要能夠看到現在的得分，以及還有幾條命，但不必看到 delay 變數的內容，所以請不要勾選它。

 delay
 lives
 score

8. 加入太空船角色

把滑鼠放在**選個角色**按鈕上。

繪畫

按一下 **繪畫** 選項。

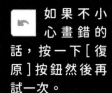 如果不小心畫錯的話，按一下[復原]按鈕然後再試一次。

9. 畫出太空船

 轉換成點陣圖

按一下 **轉換為點陣圖** 按鈕。

選擇 **線條** 工具。

填滿

選一個你喜歡的綠色。

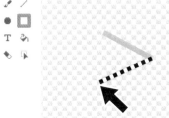

選擇 **填滿** 工具。

用這個綠色填滿太空船。

現在畫一艘簡易的太空船，之後程式順利執行之後，可以再回來加入更多細節。

10. 開始寫程式

按一下畫面左上角的 **程式** 標籤，將以下程式加入程式區中：

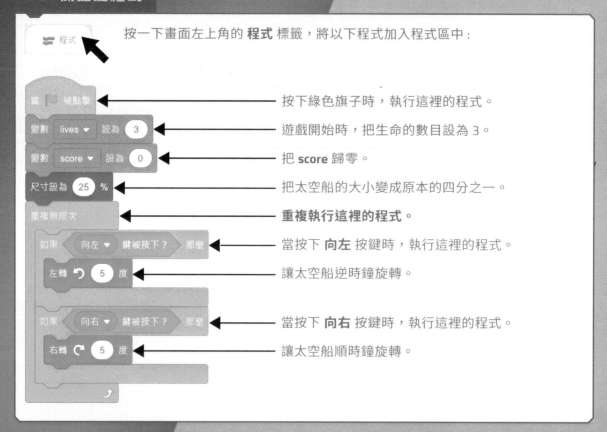

按下綠色旗子時，執行這裡的程式。

遊戲開始時，把生命的數目設為 3。

把 **score** 歸零。

把太空船的大小變成原本的四分之一。

重複執行這裡的程式。

當按下 **向左** 按鍵時，執行這裡的程式。

讓太空船逆時鐘旋轉。

當按下 **向右** 按鍵時，執行這裡的程式。

讓太空船順時鐘旋轉。

幫角色重新取名字能讓程式管理更簡單。

11. 重新命名角色

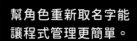

按一下角色的名字，輸入 **Ship**，接著按一下鍵盤的 **Enter** 鍵。

12. 加入雷射角色

按一下 **選個角色** 按鈕。

在所有角色中找到並按一下 **Ball** （這就是雷射）。

13. 加入雷射的程式

將以下程式加入程式區中：

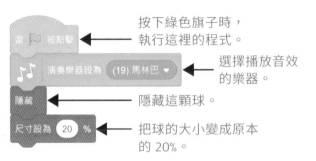

按下綠色旗子時，
執行這裡的程式。

選擇播放音效
的樂器。

隱藏這顆球。

把球的大小變成原本
的 20%。

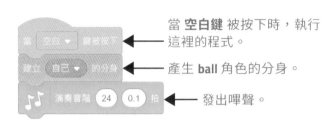

當 **空白鍵** 被按下時，執行
這裡的程式。

產生 ball 角色的分身。

發出嗶聲。

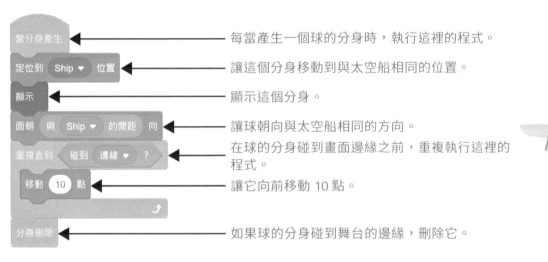

每當產生一個球的分身時，執行這裡的程式。

讓這個分身移動到與太空船相同的位置。

顯示這個分身。

讓球朝向與太空船相同的方向。

在球的分身碰到畫面邊緣之前，重複執行這裡的
程式。

讓它向前移動 10 點。

如果球的分身碰到舞台的邊緣，刪除它。

先找到 **面朝** 積木，再把以下
的偵測積木放進去。

| 舞台 ▼ | 的 | backdrop # ▼ |

把舞台換成 *Ship*。接著從左
側的下拉式選單來選擇方向。

---

14. 加入甜甜圈 角色

按一下 **選個角色**
按鈕。

在所有角色中找到
並按一下 **Donut**。

Donut

現在要產生甜甜圈的分身並控制它，將以下程式加入程式區中：

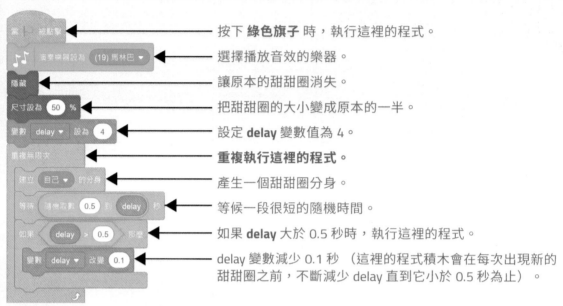

按下 **綠色旗子** 時，執行這裡的程式。

選擇播放音效的樂器。

讓原本的甜甜圈消失。

把甜甜圈的大小變成原本的一半。

設定 **delay** 變數值為 4。

重複執行這裡的程式。

產生一個甜甜圈分身。

等候一段很短的隨機時間。

如果 **delay** 大於 0.5 秒時，執行這裡的程式。

delay 變數減少 0.1 秒 （這裡的程式積木會在每次出現新的甜甜圈之前，不斷減少 delay 直到它小於 0.5 秒為止）。

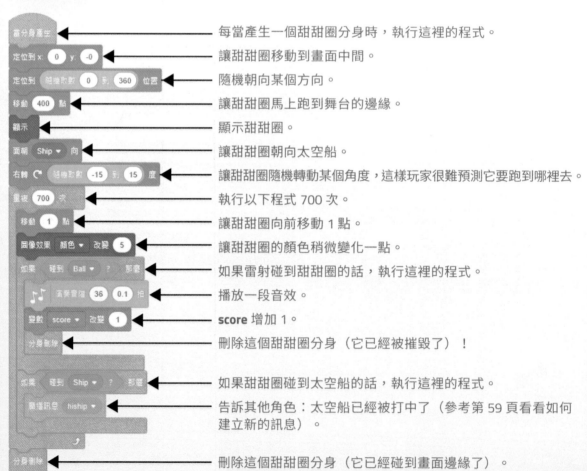

每當產生一個甜甜圈分身時，執行這裡的程式。

讓甜甜圈移動到畫面中間。

隨機朝向某個方向。

讓甜甜圈馬上跑到舞台的邊緣。

顯示甜甜圈。

讓甜甜圈朝向太空船。

讓甜甜圈隨機轉動某個角度，這樣玩家很難預測它要跑到哪裡去。

執行以下程式 700 次。

讓甜甜圈向前移動 1 點。

讓甜甜圈的顏色稍微變化一點。

如果雷射碰到甜甜圈的話，執行這裡的程式。

播放一段音效。

score 增加 1。

刪除這個甜甜圈分身 （它已經被摧毀了） ！

如果甜甜圈碰到太空船的話，執行這裡的程式。

告訴其他角色：太空船已經被打中了（參考第 59 頁看看如何建立新的訊息）。

刪除這個甜甜圈分身 （它已經碰到畫面邊緣了） 。

16. 更多甜甜圈程式

只要有任何一個甜甜圈收到廣播訊息的話,執行這裡的程式。

刪除收到訊息的甜甜圈分身。

只要甜甜圈撞到太空船,其他所有的甜甜圈都需要停下來。同時,太空船也要執行一些程式來修改玩家生命的數量以及步驟 *19* 中的程式。這裡會用到一個稱為"廣播訊息(*broadcasting*)"的技巧,可以把一段訊息送給其他的角色。

17. 選擇太空船

現在要加入更多太空船的程式,在角色清單中按一下它。

18. 匯入遊戲結束的音效

按一下 **音效** 標籤(畫面左上角)。

按一下 **選個音效** 按鈕。

在所有音效中找到 Boom Cloud 圖示。
按一下來匯入這個音效。

19. 加入用來處理廣播訊息的程式

加入程式來決定當太空船被打中時應該怎麼辦。將以下程式加入程式區中:

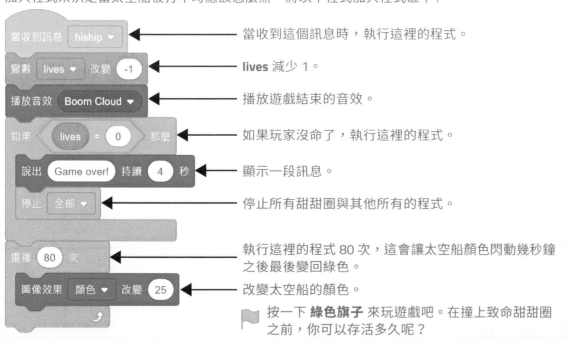

當收到這個訊息時,執行這裡的程式。

lives 減少 1。

播放遊戲結束的音效。

如果玩家沒命了,執行這裡的程式。

顯示一段訊息。

停止所有甜甜圈與其他所有的程式。

執行這裡的程式 80 次,這會讓太空船顏色閃動幾秒鐘之後最後變回綠色。

改變太空船的顏色。

🚩 按一下 **綠色旗子** 來玩遊戲吧。在撞上致命甜甜圈之前,你可以存活多久呢?

準備好接受更複雜的挑戰了嗎?翻到第 83 頁來完成
[漢堡殺手大進擊] 遊戲。

第 4 章
挑戰題

本章運用了更複雜的數學讓遊戲變得更好玩。思考一下要如何運用數學來提高遊戲的難度，也可以試試看加入新的挑戰、造型或特殊音效。

你已經完成這一章的所有程式了，試試看以下的挑戰吧。

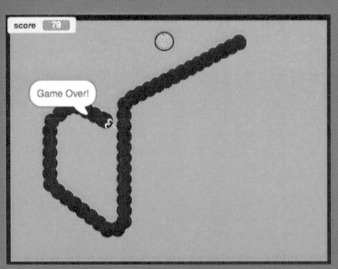

挑戰 1 貪食蛇

做一款新的蛇遊戲吧，現在的蛇需要把畫面上的食物吃掉，而食物可能會出現在任何地方。每當蛇吃掉一塊食物時，分數加 10 分還要讓食物移動到新的位置。

你可以幫食物角色做出很多種造型（參考第 44 頁的 [接水果] 遊戲來尋求靈感）。

挑戰 2 霸王龍跳跳

運用 [仙人掌跳跳] 遊戲的概念，但主要角色要換成一隻霸王龍（T-Rex）。你需要刪除霸王龍的一些造型並複製其中一個。編輯一下造型，讓牠的腿看起來像這張圖。把仙人掌移動的速度加倍讓遊戲更難。當遊戲繼續進行下去時，仙人掌就會慢慢變大喔（參考第 52 頁的 [彩色牆] 的作法，看看如何在遊戲進行中讓東西愈來愈大）。

挑戰 3　超級高塔

設計一個更精雕細琢的塔來改良第 68 頁的 [**高塔建築師**] 遊戲。可以從真實存在的紀念碑或摩天大樓來找靈感。加入不同的樓層讓塔看起來與眾不同。建立一個叫做 **floor level** 的**變數**。遊戲開始時把**變數**重設為 1，之後每疊上一層樓這個**變數**就加 1。加入一個 **如果** 判斷式來檢查樓層數有沒有大於 6 或 7。如果是的話，就切換為下一個造型。

挑戰 4　收集遊戲

參考第 72 頁的 [**機器人啟動**] 中的程式，自己設計一款收集型的遊戲吧。選擇喜歡的背景與角色。收集到各個角色要給幾分呢？試試看加入一些外星人角色如何？撞到外星人可是會扣分喔，用一個負數來改變分數就能做到了（參考第 72 頁的程式）。

挑戰 5　漢堡殺手大進擊

運用第 76 頁的 [**甜甜圈侵略者**] 程式，設計一款專屬的同類型遊戲——漢堡殺手，聽起來不錯？遊戲一開始會有幾條命？每摧毀一個漢堡又會得幾分呢？

自己設計程式積木

當你的程式愈來愈大也更加複雜的時候，有可能會發生各種問題。要對程式除錯或修復也會愈來愈棘手。如果你過了幾週再回頭看同一個程式，要回想起它究竟如何運作，還有某一段到底在做什麼就會不太容易。在本章中，你會把程式分成幾個獨立的區塊，這樣會更容易懂。如果想在 Scratch 中做到這件事，就需要建立你專屬的積木，稱為「函式」（function）。

建立函式

請根據以下步驟在 Scratch 中建立一個你專用的函式積木：

按一下
建立一個積木。

按一下
函式積木。

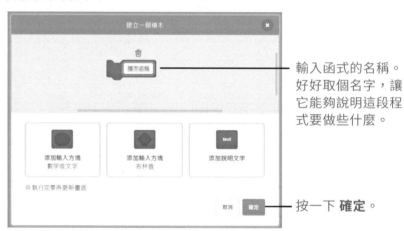

輸入函式的名稱。
好好取個名字，讓
它能夠說明這段程
式要做些什麼。

按一下 **確定**。

函式積木 指令區中應該會出現
一個相同名稱的新程式積木。

有些程式語言會把函式
稱為程序（*procedure*）
或方法（*method*）。

定義函式

跟著以下步驟，告訴 Scratch 這個函式積木要做些什麼：

把你希望當這個函式被使用時所要執行的積木放進來。

在此會在遊戲開始時用到 **startGame** 函式。這代表你需要把希望在遊戲開始時所要執行的任何程式放進來，像是把分數歸零之類的。

使用這個函式

想要使用已經建立好的函式很簡單，只要把它拉進你的程式中就可以了。

定義你專屬的積木以及把程式切分成有意義的區塊，這樣做的好處多多。這樣能讓程式更容易看得懂。

之後不需要一再重複某一段程式了，你可以在其他程式中再次使用這段程式。還能修改函式來做到不同的事情。

星星山洞

這個遊戲的做法有一點不同。透過建立你專用的程式積木，就能讓你的程式更容易看得懂。專用積木還能讓你重複使用某一段程式而不需要寫兩次。在本遊戲中，你會引導一台小機器人通過一個山洞來找到星星。這裡會用到滑鼠來控制機器人的移動方向。

1. 沒有貓！

刪除小貓角色。

2. 選擇背景

在角色區中，按一下 **舞台** 圖示（畫面右下角）。

按一下 **背景** 標籤。

3. 開始畫畫

翻到第 16 頁來看看如何設定顏色。

按一下 **轉換為點陣圖** 按鈕。

按一下 **填滿** 工具。

選一個你喜歡的深紅色。

用這個深紅色來填滿繪圖區。

4. 設定筆刷風格

選擇 **筆刷** 工具。

選擇黑色。

100

輸入 **100** 讓筆刷變得很粗。

如果不小心畫錯的話，按一下 [復原] 按鈕然後再試一次。

5. 畫出道路

使用 **筆刷** 工具畫出一條通過山洞的路。

在第一條線下方畫出第二條線，讓路變得粗一點。

6. 加入星星

按一下 **選個角色** 按鈕。

在所有角色中找到並按一下 **Star**。

7. 加入機器人

再按一次 **選個角色** 按鈕。

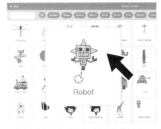

在所有角色中找到並按一下 **Robot**。

8. 建立一個積木

按一下 **建立一個積木**。

按一下 **函式積木**。

輸入 **startGame**。

按一下 **確定**。

程式區中應該會出現一個叫做 **startGame** 的粉紅色程式積木。

遊戲開始時就會執行這裡的程式，這樣能確保機器人都會在正確的位置上。

9. 加入程式來定義函式內容

加入以下程式來定義 **startGame** 程式積木：

當 **startGame** 積木被使用時，執行這裡的程式。

讓機器人移動到舞台的左上角。

把機器人的大小縮小為原本的四分之一。

10. 建立與定義另一個函式

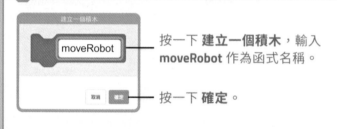

按一下 **建立一個積木**，輸入 **moveRobot** 作為函式名稱。

按一下 **確定**。

加入以下程式：

當 **moveRobot** 積木被使用時，執行這裡的程式。

讓機器人向前移動 2 點。

11. 建立與定義控制機器人的程式積木

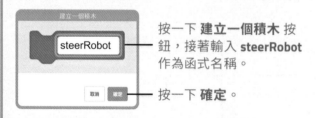

按一下 **建立一個積木** 按鈕，接著輸入 **steerRobot** 作為函式名稱。

按一下 **確定**。

加入以下程式來定義積木：

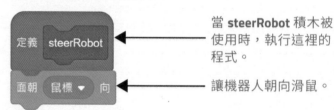

當 **steerRobot** 積木被使用時，執行這裡的程式。

讓機器人朝向滑鼠。

到目前為止，你已經知道如何定義函式來開始遊戲，還能讓機器人移動與變換方向。

現在你需要定義一個用在你贏得遊戲時候的積木！

...還有你輸掉遊戲的時候，唉唷！

12. 贏的時候會發生什麼事

按一下 **建立一個積木**，輸入 **showCompleted** 作為函式名稱。

按一下 **確定**。

加入這些程式：

當 **showCompleted** 函式積木被使用時，執行這裡的程式。

顯示一段訊息。

停止其他所有執行中的程式。

13. 輸的時候會發生什麼事

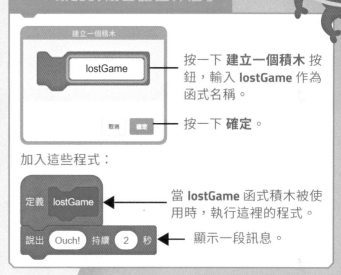

按一下 **建立一個積木** 按鈕，輸入 **lostGame** 作為函式名稱。

按一下 **確定**。

加入這些程式：

當 **lostGame** 函式積木被使用時，執行這裡的程式。

顯示一段訊息。

14. 通通組合起來

你需要的積木已經定義完成之後，就可以開始使用了。把這些積木與其他簡單的控制與偵測組合起來，這樣程式就完成了。加入以下的程式：

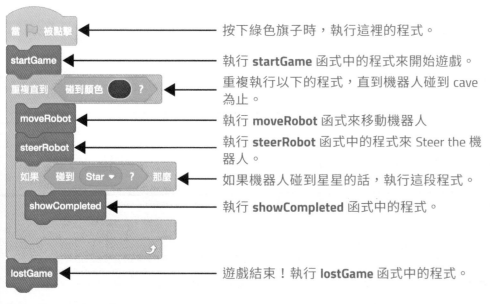

按下綠色旗子時，執行這裡的程式。

執行 **startGame** 函式中的程式來開始遊戲。

重複執行以下的程式，直到機器人碰到 cave 為止。

執行 **moveRobot** 函式來移動機器人

執行 **steerRobot** 函式中的程式來 Steer the 機器人。

如果機器人碰到星星的話，執行這段程式。

執行 **showCompleted** 函式中的程式。

遊戲結束！執行 **lostGame** 函式中的程式。

按一下 **綠色旗子** 來測試程式。試著引導機器人去找到星星吧。

準備好接受挑戰了嗎？翻到第 112 頁來完成 [深入地心] 遊戲。

太空脆餅

這個遊戲有點像是你在第 3 章所設計的一些簡單小遊戲，例如 [鯊魚與潛水員] 或 [接水果]。這次你要自己建立函式，讓遊戲更容易看懂與修改。玩家在遊戲中要用滑鼠引導小狗吃到脆餅。有 30 秒的時間限制，吃愈多愈好！

1. 沒有貓！

先把小貓角色刪除。

2. 設定背景

按一下 **選個背景** 按鈕。

找到 **Stars**，按一下把它設為背景。

3. 加入角色

按一下 **選個角色** 按鈕。

在所有角色中找到並選擇 **Dot** 這隻小狗。

4. 建立 SCORE 變數

按一下 **變數**。

按一下 **建立一個變數**。

輸入 **score**。

按一下 **確定**。

5. 建立一個積木

按一下 **函式積木**。

按一下
建立一個積木。

輸入
startGame。

按一下 **確定**。

程式區中應該會出現
一個叫做 **startGame**
的粉紅色函式積木。

6. 定義函式

加入以下程式來定義 **startGame** 程式積木:

當 **startGame** 函式被使用時,執行這裡的
程式。

把 **Dot** 狗狗的大小縮小為原本的一半。

把 **score** 歸零。

把計時器歸零。

> 遊戲開始時,執行這裡
> 的程式來歸零分數並準
> 備好所有東西。

7. 定義另一個函式

按一下 **建立一個積木**,
接著輸入 **moveDog** 作
為函式名稱。

按一下 **確定**。

加入以下程式:

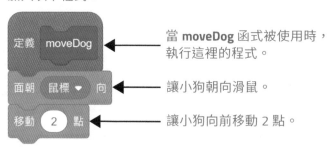

當 **moveDog** 函式被使用時,
執行這裡的程式。

讓小狗朝向滑鼠。

讓小狗向前移動 2 點。

現在用剛剛做好的積木來寫程式吧。

遊戲開始還有移動小狗的函式都已經定義好了。現在要把它們與其他程式組合起來。加入以下程式：

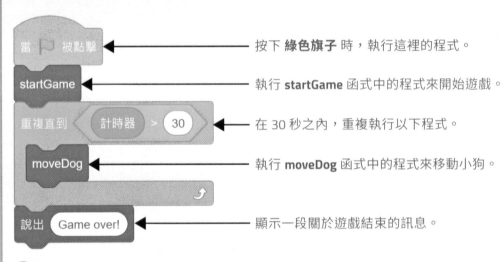

當 🚩 被點擊 ◀————— 按下 **綠色旗子** 時，執行這裡的程式。

startGame ◀————— 執行 **startGame** 函式中的程式來開始遊戲。

重複直到 計時器 > 30 ◀————— 在 30 秒之內，重複執行以下程式。

moveDog ◀————— 執行 **moveDog** 函式中的程式來移動小狗。

說出 Game over! ◀————— 顯示一段關於遊戲結束的訊息。

🚩 按一下 **綠色旗子** 來測試程式！小狗應該會慢慢朝著你的滑鼠移動。

按一下 **選個角色** 按鈕。

在所有角色中找到並按一下 **Taco**。

這裡需要一個函式，好讓脆餅能移動到任一個隨機位置。

repositionTaco ◀————— 按一下 **建立一個積木** 按鈕，取名為 **repositionTaco**。

◀————— 按一下 **確定**。

加入以下程式：

定義 reposition Taco ◀————— 當 **repositionTaco** 函式被使用時，執行這裡的程式。

定位到 隨機 ▼ 位置 ◀————— 讓脆餅移動到舞台上的隨機位置。

顯示 ◀————— 顯示這個角色。

按一下 **建立一個積木**，輸入
checkIfEaten 作為函式名稱。

按一下
確定。

加入以下的程式來檢查脆餅有沒有被 Dot 小狗吃掉：

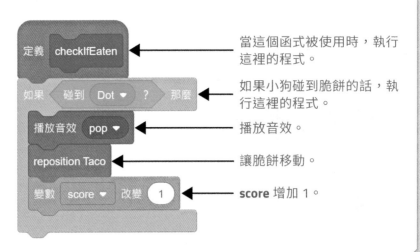

當這個函式被使用時，執行
這裡的程式。

如果小狗碰到脆餅的話，執
行這裡的程式。

播放音效。

讓脆餅移動。

score 增加 1。

用來決定脆餅位置和檢查它有沒有被吃掉的函式都已經定義好了，現在要把它們
與其他程式組合起來。加入以下的程式：

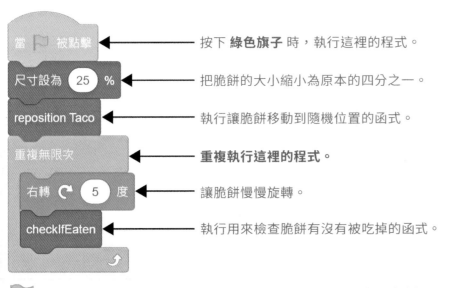

按下 **綠色旗子** 時，執行這裡的程式。

把脆餅的大小縮小為原本的四分之一。

執行讓脆餅移動到隨機位置的函式。

重複執行這裡的程式。

讓脆餅慢慢旋轉。

執行用來檢查脆餅有沒有被吃掉的函式。

🚩 按一下 **綠色旗子** 來測試程式！帶領 Dot 狗狗穿過畫面來吃掉脆餅吧。

準備好接受挑戰了嗎？翻到第 112 頁，
用完成函式來設計新的收集型遊戲吧。

足球對戰

這個雙打遊戲超好玩，兩個玩家都要試著射球進門。畫好足球場與球門網之後，就可以開始寫程式了。使用函式積木能讓程式更清楚也更容易修改。

1. 沒有貓！

刪除小貓角色。

2. 選擇背景

在角色區中按一下**舞台**圖示（畫面右下角）。

按一下**背景**標籤。

3. 開始繪畫

按一下**轉換為點陣圖**按鈕。

按一下**線條**工具。

選擇白色。

把粗細設為 **5**。

在繪畫區中間小心地畫一條線（找找看中間有一個小標記）。

4. 在中間畫一個圓

選擇 **圓形**。

填滿　外框

選擇 **外框**。

移動滑鼠在中間畫一個圓形。

> 按住鍵盤的 *Shift* 鍵來畫出完美的圓形。

5. 填滿球場

按一下**填滿**工具。

選一個你喜歡的深綠色。

用這個深綠色來填滿球場。

6. 加入角色

把滑鼠放在 **選個角色** 按鈕上。

按一下 **繪畫** 選項。

要讓球門能更容易被看見的話，先用黑色來畫，最後再換成白色就好。

7. 畫出球門

按一下 **轉換為點陣圖** 按鈕。

選擇 **線條** 工具。

選擇 **黑色**。

在繪圖區中央，從上到下畫一條短短的直線。

按三次 zoom 放大鏡圖示，這樣能把線條看得更清楚。

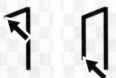

使用滑鼠把其他的球網畫好。

按一下 **填滿** 工具。

選擇 **白色**。

用白色填滿球門。

幫球門角色重新取個名字，能讓你的程式更容易看懂。

8. 改名字

造型 blue goal

按一下角色的名字，輸入 **blue goal**，接著按一下鍵盤的 **Enter** 鍵。

9. 複製球門

在角色清單中，對 **blue goal** 圖示按一下滑鼠右鍵。按一下 **複製**。

10. 翻轉

按一下 **選擇** 工具。

按一下 **橫向翻轉**。

球門應該會變成這樣。

11. 改名字

造型 red goal

按一下角色的名字，輸入 **red goal**，接著按一下鍵盤的 **Enter** 鍵。

角色清單應該會變成這樣。

12. 加入角色

把滑鼠放在 **選個角色** 按鈕上。

按一下 **繪畫** 選項。

13. 畫個玩家角色

按一下 **轉換為點陣圖** 按鈕。

按一下 **方形** 工具。

選一個你喜歡的藍色。

在繪圖區中間畫一個藍色小方形,大概和球門差不多大就可以了。

14. 改名字

角色　blue player

在角色清單中,重新命名這個角色。

15. 加入玩家的程式

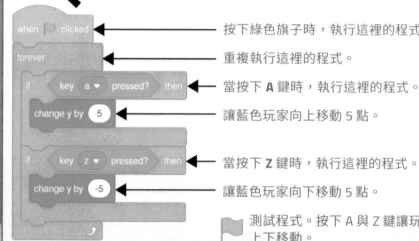

按一下 **程式** 標籤,將以下程式加入程式區:

按下綠色旗子時,執行這裡的程式。

重複執行這裡的程式。

當按下 **A** 鍵時,執行這裡的程式。

讓藍色玩家向上移動 5 點。

當按下 **Z** 鍵時,執行這裡的程式。

讓藍色玩家向下移動 5 點。

測試程式。按下 A 與 Z 鍵讓玩家上下移動。

16. 複製玩家

在角色清單中,對 **blue player** 圖示按一下滑鼠右鍵。

按一下 **複製**。

17. 修改程式

這裡要用不同的按鍵來控制這個玩家。修改用來控制這個玩家的程式:

把: a ▼ 鍵被按下?　　改為: 向上 ▼ 鍵被按下?

把: z ▼ 鍵被按下?　　改為: 向下 ▼ 鍵被按下?

18. 修改玩家的名稱與顏色

造型　red player

在角色清單中,將它改名為 **red player**。按一下鍵盤的 Enter 鍵。

按一下 **造型** 標籤。

按一下 **填滿** 工具。

選一個你喜歡的紅色。

在方形中按一下,把它填滿紅色。

19. 加入足球

按一下 **選個角色** 按鈕。

選擇 **Soccer Ball** 角色。

20. 匯入音效

按一下 **音效** 標籤。

按一下 **選個音效** 按鈕。

往下拉找到 **Goal Cheer** 圖示。按一下，匯入這個音效。

再按一下 **選個音效**。

往下拉找到 **Kick Drum** 圖示。按一下，匯入這個音效。

21. 建立給紅色玩家的變數

按一下 **程式** 標籤。

按一下 **變數**。

按一下 **建立一個變數**。

輸入 **red**。

按一下 **確定**。

22. 建立給藍色玩家的變數

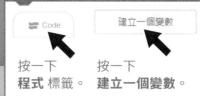
按一下 **程式** 標籤。

按一下 **建立一個變數**。

輸入 **blue**。

按一下 **確定**。

現在要建立一個函式積木來控制在遊戲開始時要做的事情。

23. 建立函式積木

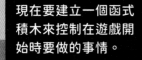

按一下 **建立一個積木**。

輸入 **startGame**。

按一下 **確定**。

程式區中應該會出現一個叫做 **startGame** 的粉紅色函式積木。

24. 定義函式

加入以下程式來定義 **startGame** 程式積木：

當 **startGame** 積木被使用時，執行這裡的程式。

把足球的大小變成原本的一半。

red 變數歸零。

blue 變數歸零。

遊戲開始時就會執行這裡的程式。程式會把分數歸零並把所有東西準備好。

25. 建立與定義另一個函式

按一下 **建立一個積木**，輸入 **moveBall** 作為函式名稱。

按一下 **確定**。

加入以下程式：

當 **moveBall** 積木被使用時，執行這裡的程式。

讓球向前移動 6 點。

當球碰到舞台邊緣時，讓它反彈。

26. 製作與定義回到場地中央的函式

按一下 **建立一個積木**，輸入 **takeCenter** 作為函式名稱。

按一下 **確定**。

加入以下的程式來定義 **takeCenter** 函式：

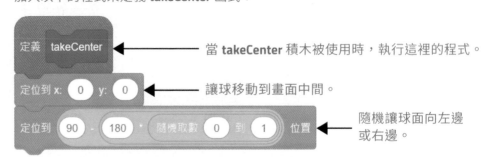

當 **takeCenter** 積木被使用時，執行這裡的程式。

讓球移動到畫面中間。

隨機讓球面向左邊或右邊。

27. 檢查是否射門成功

按一下 **建立一個積木**，輸入 **checkForGoals** 作為函式名稱。

按一下 **確定**。

加入以下的程式來檢查是哪一個玩家射門進球了。

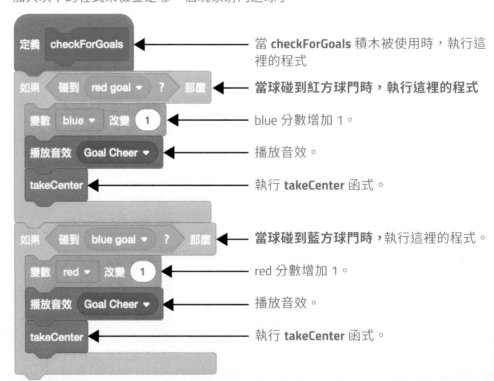

當 **checkForGoals** 積木被使用時，執行這裡的程式

當球碰到紅方球門時，執行這裡的程式

blue 分數增加 1。

播放音效。

執行 **takeCenter** 函式。

當球碰到藍方球門時，執行這裡的程式。

red 分數增加 1。

播放音效。

執行 **takeCenter** 函式。

按一下 **建立一個積木**，輸入 **checkForKicks** 作為函式名稱。

按一下 **確定**。

加入以下的程式來檢查是哪一個玩家踢到球。當玩家踢到球的時候，就要改變球的移動方向。

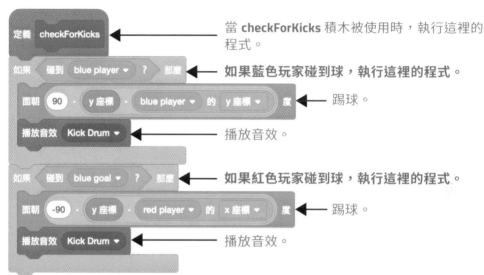

當 checkForKicks 積木被使用時，執行這裡的程式。

如果藍色玩家碰到球，執行這裡的程式。

踢球。

播放音效。

如果紅色玩家碰到球，執行這裡的程式。

踢球。

播放音效。

這段程式會讓球朝著相反方向移動，根據球碰到了玩家角色的上、中或下方來改變自身的角度。

加入以下程式，就完成了。這段程式會執行其他定義好的函式：

按下綠色旗子時，執行這裡的程式。

準備好所有東西，開始遊戲。

讓球移動到球場正中央。

重複執行這裡的程式。

讓球朝著目前面對的方向移動。

檢查有沒有玩家射門得分了。

檢查有沒有玩家踢到球了。

🚩 現在可以測試程式了！

準備好接受挑戰了嗎？翻到第 113 頁本章的第三個挑戰題，使用函式積木來重新製作第 3 章中的遊戲。

競速火箭

你已經在第 2 章中完成了 [競速賽車] 這個雙人遊戲了。現在要製作的 [競速火箭] 是另一種賽車遊戲，玩家要操縱火箭，看誰最快穿過舞台。你要建立多個函式積木來移動火箭，還要讓小行星衝向火箭。

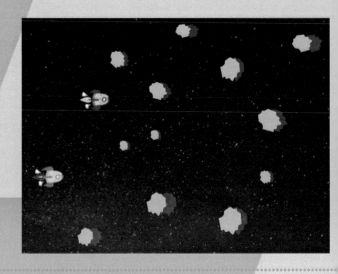

1. 沒有貓！

刪除小貓角色。

2. 設定背景

按一下 **選個背景** 按鈕。

找到 **Stars**，按一下把它設定為背景。

3. 加入角色

把滑鼠放在 **選個角色** 按鈕。

按一下 **繪畫** 選項。

4. 畫一個小行星

使用 **線條** 工具畫出一個小行星，大小差不多是繪圖區的一半。

按一下 **轉換為點陣圖**。

選擇 **線條** 工具。

選一個你喜歡的綠色。

選擇 **填滿** 工具。

用這個綠色來填滿小行星。

5. 建立 SPEED 變數

按一下 **程式** 標籤。

按一下 **變數** 按鈕。

按一下 **建立一個變數。**

輸入 **speed**。

按一下 **確定**。

按一下這個選項，讓每個行星的移動速度都不一樣。

僅適用當前角色

6. 建立一個積木

按一下 **函式積木。**

按一下 **建立一個積木。**

輸入 **createAsteroid**。

按一下 **確定**。

程式區中應該會出現一個叫做 **createAsteroid** 的粉紅色函式積木。

7. 加入程式來定義這個函式

加入以下程式來定義 **createAsteroid** 函式：

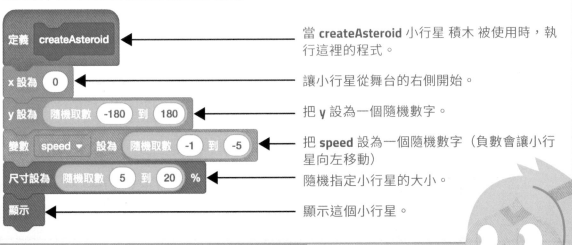

當 **createAsteroid 小行星** 積木 被使用時，執行這裡的程式。

讓小行星從舞台的右側開始。

把 **y** 設為一個隨機數字。

把 **speed** 設為一個隨機數字（負數會讓小行星向左移動）

隨機指定小行星的大小。

顯示這個小行星。

8. 定義移動小行星的函式

按一下 **建立一個積木**，輸入 **moveAsteroid** 作為函式名稱。

按一下 **確定**。

加入以下程式：

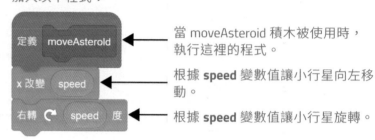

當 moveAsteroid 積木被使用時，執行這裡的程式。

根據 **speed** 變數值讓小行星向左移動。

根據 **speed** 變數值讓小行星旋轉。

9. 組合全部的小行星程式

所有的函式都定義好了，現在把它們都組合起來吧。加入以下的程式：

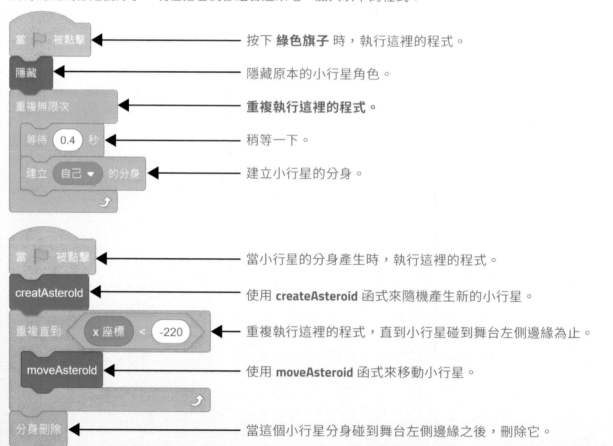

按下 **綠色旗子** 時，執行這裡的程式。

隱藏原本的小行星角色。

重複執行這裡的程式。

稍等一下。

建立小行星的分身。

當小行星的分身產生時，執行這裡的程式。

使用 **createAsteroid** 函式來隨機產生新的小行星。

重複執行這裡的程式，直到小行星碰到舞台左側邊緣為止。

使用 **moveAsteroid** 函式來移動小行星。

當這個小行星分身碰到舞台左側邊緣之後，刪除它。

10. 加入一個角色

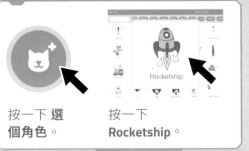

按一下 **選
個角色**。

按一下
Rocketship。

11. 建立 SCORE 變數

按一下 **變數**。

按一下
建立一個變數。

輸入
score。

按一下
確定。

12. 準備火箭

按一下 **建立一個積木** 輸入
prepareRocket 作為函式名
稱。

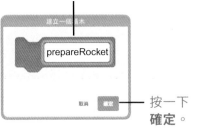

按一下
確定。

加入以下程式:

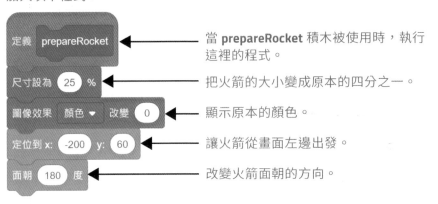

當 **prepareRocket** 積木被使用時,執行
這裡的程式。

把火箭的大小變成原本的四分之一。

顯示原本的顏色。

讓火箭從畫面左邊出發。

改變火箭面朝的方向。

13. 處理按下按鍵時要做什麼事

按一下 **建立一個積木** 按
鈕,輸入 **handleKeys** 作
為函式名稱。

按一下
確定。

加入以下程式:

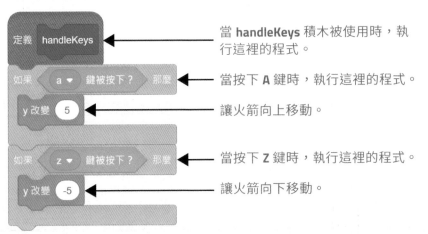

當 **handleKeys** 積木被使用時,執
行這裡的程式。

當按下 **A** 鍵時,執行這裡的程式。

讓火箭向上移動。

當按下 **Z** 鍵時,執行這裡的程式。

讓火箭向下移動。

按一下 **建立一個積木**，
輸入 **moveRocket** 作為
函式名稱。

加入以下的程式來移動火箭：

按一下
確定。

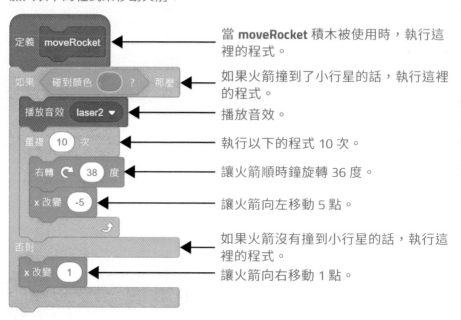

當 **moveRocket** 積木被使用時，執行這裡的程式。

如果火箭撞到了小行星的話，執行這裡的程式。

播放音效。

執行以下的程式 10 次。

讓火箭順時鐘旋轉 36 度。

讓火箭向左移動 5 點。

如果火箭沒有撞到小行星的話，執行這裡的程式。

讓火箭向右移動 1 點。

所有的火箭函式積木都定義好了，現在把它們都組合起來吧。加入以下的程式：

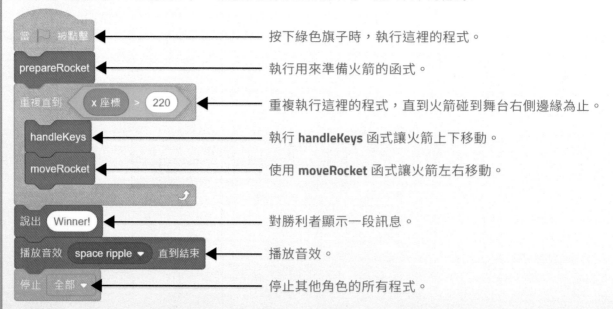

按下綠色旗子時，執行這裡的程式。

執行用來準備火箭的函式。

重複執行這裡的程式，直到火箭碰到舞台右側邊緣為止。

執行 **handleKeys** 函式讓火箭上下移動。

使用 **moveRocket** 函式讓火箭左右移動。

對勝利者顯示一段訊息。

播放音效。

停止其他角色的所有程式。

在角色清單中，對 **Rocketship** 圖示按一下滑鼠右鍵。

 按一下 **複製**。

  應該會出現一個新的火箭。

要使用不同的鍵盤按鍵來控制這個新火箭，而且顏色也要修改。請參考下圖來修改程式：

在 **prepareRocket** 函式中：

把： [圖像效果 顏色 ▼ 改變 0]　改為： [圖像效果 顏色 ▼ 改變 120]

在 **handelKeys** 函式中：

把： (a ▼ 鍵被按下？)　改為： (向上 ▼ 鍵被按下？)

把： (z ▼ 鍵被按下？)　改為： (向下 ▼ 鍵被按下？)

🚩 按一下 **綠色旗子** 來測試程式。

準備好接受挑戰了嗎？
翻到第 113 頁試試看
第 4 個挑戰題吧。

接雪花

現在要來設計一個接東西的遊戲（類似第 3 章中的 [接水果]），還要讓它變得更好玩。首先，你要用函式積木來完成這個遊戲。接著，加上一個玩法說明的頁面，一樣是透過函式積木來顯示。你會控制一個角色在畫面中左右走來走去。遊戲會持續 30 秒，你在這段時間裡面要試著接到愈多掉下來的雪花愈好。

score 0   timer 3.706

Catch the Snowflakes

Use the arrow keys

Press SPACE to start

---

1. 沒有貓！

刪除小貓角色。

2. 選擇背景

按一下 **背景** 標籤。

造型 **game**

把這個空白背景重新命名為 **game**。

3. 加入新的背景

把滑鼠放在 **選個背景** 按鈕上。

繪畫

按一下 **繪畫** 選項。

4. 重新命名背景

造型 **instructions**

把這個背景重新命名為 **instructions**。

5. 加入標題

按一下 **轉換為點陣圖**。

按一下 **文字** 工具。

Marker

Curly

Pixel

選擇 **Pixel** 這個字型。

Catch the Snowflakes

在繪圖區中喜歡的位置按一下，接著輸入遊戲標題。

Catch the Snowflakes

調整文字的大小與位置。

6. 加入更多文字

加入一些文字來說明如何進行這個遊戲。

7. 畫出方向鍵

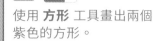

使用 **方形** 工具畫出兩個紫色的方形。

使用 **筆刷** 工具在各個方形中畫出白色的箭頭。

8. 加入星星

按一下 **選個角色** 按鈕。

在所有角色中找到並按一下 **Pico Walking** 角色。

9. 建立 SCORE 變數

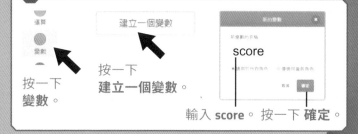

按一下 **變數**。

按一下 **建立一個變數**。

score

輸入 **score**。 按一下 **確定**。

10. 匯入音效

按一下 **音效** 標籤。

按一下 **選個音效**。

在所有音效中找到 Techno 圖示。按一下來匯入這個音效。

11. 顯示計時器

按一下 **程式** 標籤。

按一下 **偵測** 按鈕。

找到 **計時器** 程式積木，並把它的勾選框勾起來。

計時器會出現在畫面上，來顯示程式已經執行了多久。

12. 建立一個積木

按一下 **函式積木**。

按一下 **建立一個積木**。

按一下 **建立一個積木**，輸入 **showInstructions** 作為函式名稱。

showInstructions

按一下 **確定**。

定義 showInstructions

程式區中應該會出現一個叫做 **showInstructions** 的粉紅色函式積木。

107

13. 加入程式來定義這個函式

加入以下程式來定義 **showInstructions** 函式：

當 **showInstructions** 積木被使用時，執行這裡的程式：

隱藏 Pico 玩家圖示，這樣他就不會擋到遊戲說明。

顯示 **instructions** 這個背景。

執行以上的程式，直到空白鍵被按下為止。

14. 定義遊戲開始積木

按一下 **建立一個積木**，輸入 **startGame** 作為函式名稱。

按一下 **確定**。

加入以下的程式，當遊戲開始時把所有東西準備好：

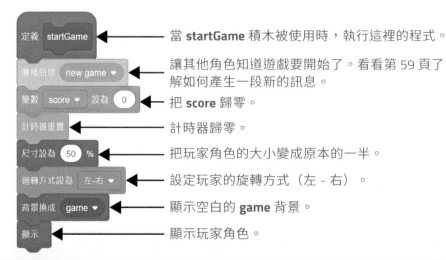

當 **startGame** 積木被使用時，執行這裡的程式。

讓其他角色知道遊戲要開始了。看看第 59 頁了解如何產生一段新的訊息。

把 **score** 歸零。

計時器歸零。

把玩家角色的大小變成原本的一半。

設定玩家的旋轉方式（左 - 右）。

顯示空白的 **game** 背景。

顯示玩家角色。

15. 當按下各個按鍵時要做些什麼

按一下 **建立一個積木**，輸入 **handleKeys** 作為函式名稱。

按一下 **確定**。

加入以下的程式，來決定玩家在按下不同方向鍵時要做的動作：

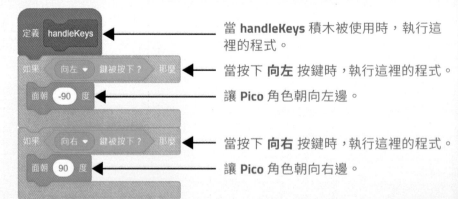

當 **handleKeys** 積木被使用時，執行這裡的程式。

當按下 **向左** 按鍵時，執行這裡的程式。

讓 Pico 角色朝向左邊。

當按下 **向右** 按鍵時，執行這裡的程式。

讓 Pico 角色朝向右邊。

16. 定義遊戲結束積木

按一下 **建立一個積木**，輸入
gameOver 作為函式名稱。

按一下 **確定**。

加入以下的程式來定義當遊戲結束時要做些什麼：

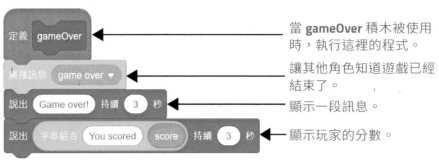

當 **gameOver** 積木被使用
時，執行這裡的程式。

讓其他角色知道遊戲已經
結束了。

顯示一段訊息。

顯示玩家的分數。

17. 通通組合起來

遊戲開始還有移動 Pico 的函式都已經定義好了。現在要把它們與其他程式組合起來。
加入以下的程式：

按下 **綠色旗子** 時，執行這裡的程式。

重複執行這裡的程式。

顯示說明畫面，然後等待玩家按下空白鍵來開始遊戲。

執行 **startGame** 函式中的程式來開始遊戲。

重複執行以下程式，直到經過 30 秒為止。

處理當按下不同方向鍵時所要做的事情。

讓 **Pico** 角色向前移動 4 點。

執行 **gameOver** 函式中的程式。

18. 加入音效與動畫

加入以下兩段程式：

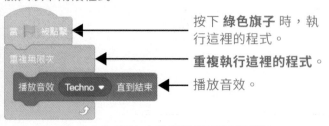

按下 **綠色旗子** 時，執行這裡的程式。

重複執行這裡的程式。

播放音效。

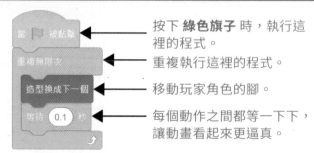

按下 **綠色旗子** 時，執行這裡的程式。

重複執行這裡的程式。

移動玩家角色的腳。

每個動作之間都等一下下，讓動畫看起來更逼真。

🚩 測試程式！你應該會看到說明畫面出現了。
按下 **向左** 與 **向右** 方向鍵來控制玩家移動吧。

19. 加入雪花

按一下 **選個角色** 按鈕。

按一下 **Snowflake** 角色。

20. 匯入音效

按一下 **音效** 標籤。

按一下 **選個音效**。

按一下 **Teleport2**。

21. 建立一個積木

按一下 **建立一個積木** 按鈕，輸入 **startSnowflake** 作為函式名稱。

按一下 **確定**。

加入以下程式：

當 startSnowflake 積木被使用時，執行這裡的程式。

將雪花移動到舞台的上方。

隨機指定它的 x 位置。

22. 檢查有沒有接到雪花

按一下 **建立一個積木**，輸入 **checkIfCaught** 作為函式名稱。

按一下 **確定**。

加入以下的程式，當遊戲開始時把所有東西準備好：

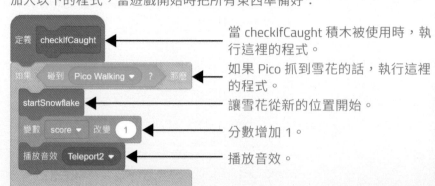

當 checkIfCaught 積木被使用時，執行這裡的程式。

如果 Pico 抓到雪花的話，執行這裡的程式。

讓雪花從新的位置開始。

分數增加 1。

播放音效。

23. 組合雪花程式

現在來使用你剛做好的積木吧。

加入以下的程式來組成完整的雪花程式：

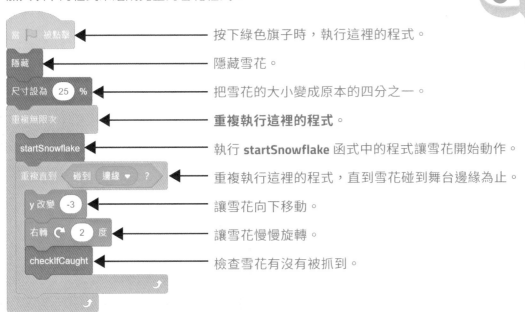

按下綠色旗子時，執行這裡的程式。

隱藏雪花。

把雪花的大小變成原本的四分之一。

重複執行這裡的程式。

執行 **startSnowflake** 函式中的程式讓雪花開始動作。

重複執行這裡的程式，直到雪花碰到舞台邊緣為止。

讓雪花向下移動。

讓雪花慢慢旋轉。

檢查雪花有沒有被抓到。

24. 等候訊息

加入以下兩小段程式：

當 Pico 廣播一個 *new game* 訊息時：
顯示雪花。

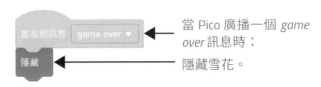

當 Pico 廣播一個 *game over* 訊息時：
隱藏雪花。

25. 加入另一個雪花

在角色清單中，對 **Snowflake** 圖示按一下滑鼠右鍵。

按一下 **複製**。

總共要有三個雪花。

按一下 **綠色旗子** 來測試程式。使用鍵盤的 **向左** 與 **向右** 按鍵來收集最多的雪花吧。

準備好接受挑戰了嗎？翻到第 113 頁
來完成挑戰題第 5 題。

第 5 章
挑戰題

你在本章中學會了如何建立專屬的函式積木，讓程式更容易理解。

你已經完成這一章的所有程式了，試試看以下的挑戰吧。

挑戰 1　深入地心

這個遊戲中會有一個在地下隧道中穿梭的機器人。參考你在第 86 頁 [**星星山洞**] 遊戲中所建立的函式。開始一個新的專案，設計要用到的函式積木來完成你的遊戲。修改 **startBlock** 函式讓機器人能從正確的地方出發，以及把 **碰到顏色** 積木中的顏色換成你要偵測的顏色。

挑戰 2　自己設計收集遊戲

完成了第 90 頁的 [**太空脆餅**] 遊戲之後，試試看自己做一個收集遊戲吧。選個背景，也幫玩家選個角色。玩家要收集的物體，也幫它選一個角色。現在看看第 91-93 頁中所定義的函式積木，加入你需要的程式讓遊戲順利運作。（把函式名稱從 moveDog 改成 moveMonster 是沒問題的，只要使用時保持一致就好。）

挑戰 3 有趣的函式

多練習，一定要更熟悉函式才行喔！試著自己定義函式積木來重新改寫本書之前的遊戲。例如，在 [**企鵝滑雪學校**] 遊戲中加入 gameOver 與 startGame 函式看看。在各函式中加入程式來做到某些任務。別忘了回頭看看本章開頭的相關說明。

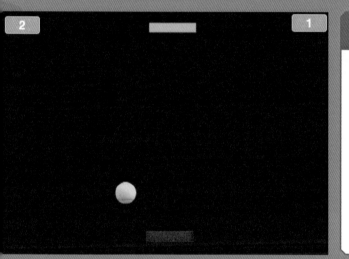

挑戰 4 函式 vs. 函式

自己做一個簡單的雙打遊戲，有人想打網球嗎？建立要用到的背景與玩家角色。還要加入一個球的角色。現在要建立一個能控制各個玩家自由移動的函式 積木。參考第 94 的 [**足球對戰**] 程式。想想看，什麼時候才需要修改 score 變數呢？

挑戰 5 自己設計遊戲開始畫面

遊戲的登入畫面也可以自己設計呢！思考一下主要的玩家角色應該如何移動。還會需要其他角色嗎？要如何知道遊戲已經結束了呢？需要用到 score 變數來記錄分數變化嗎？修改或直接使用你之前建立的函式來完成這個遊戲。運用第 107 頁的 showInstructions 函式來加入一個**開始**畫面，讓玩家還能再玩一次。

更新

關於本書的更新、勘誤與其他資訊請參考：
https:/nostarch.com/25scratchgames

也歡迎看看 *https:/maxw.com/25* 網站，
有更多實用的建議與資源。

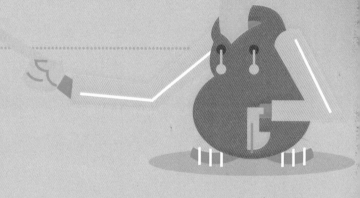

邊玩邊學 Scratch 3 遊戲程式設計，運算思維養成

作　　者：Max Wainewright
譯　　者：CAVEDU 教育團隊 曾吉弘
企劃編輯：莊吳行世
文字編輯：詹祐甯
設計裝幀：張寶莉
發 行 人：廖文良

發 行 所：碁峰資訊股份有限公司
地　　址：台北市南港區三重路 66 號 7 樓之 6
電　　話：(02)2788-2408
傳　　真：(02)8192-4433
網　　站：www.gotop.com.tw
書　　號：ACL058200
版　　次：2020 年 08 月初版
　　　　　2024 年 01 月初版六刷
建議售價：NT$450

國家圖書館出版品預行編目資料

邊玩邊學 Scratch 3 遊戲程式設計，運算思維養成 / Max Wainewright
　　原著；曾吉弘譯. -- 初版. -- 臺北市：碁峰資訊, 2020.08
　　　面；　公分
　　譯自：25 Scratch 3 Games for Kids.
　　ISBN 978-986-502-562-5(平裝)
　　1.電腦教育　2.電腦遊戲　3.電腦程式設計　4.中小學教育
523.38　　　　　　　　　　　　　　　　　　　　109010019